CADERNOS DE PROCESSO DO TRABALHO

N. 38

Dedico este Caderno
ao Armando Casimiro Costa Filho, *in memoriam*.

Manoel Antonio Teixeira Filho

Advogado — Juiz aposentado do TRT da 9.ª Região – Fundador da Escola da Associação dos Magistrados do Trabalho do Paraná — Professor Emérito do Centro Universitário de Curitiba-Unicuritiba – Professor na Escola da Magistratura do Trabalho do Paraná — Membro do Instituto Latinoamericano de Derecho del Trabajo y de la Seguridad Social — do Instituto de Direito Social do Brasil — da *Société Internacionale de Droit du Travail et de la Sécurité Sociale* — do Instituto dos Advogados do Paraná — da Academia Nacional de Direito do Trabalho — da Academia Paranaense de Letras Jurídicas – do Instituto dos Advogados de São Paulo.

CADERNOS DE PROCESSO DO TRABALHO

N. 38

MANDADO DE SEGURANÇA

TERCEIRA PARTE

De acordo com a Lei n. 13.467/2017 (Reforma Trabalhista)

LTr®

LTr®

LTr Editora Ltda

Rua Jaguaribe, 571
CEP 01224-003
São Paulo, SP — Brasil
Fone (11) 2167-1101
www.ltr.com.br
Junho, 2021

Produção Gráfica e Editoração Eletrônica: PIETRA DIAGRAMAÇÃO
Projeto de capa: DANILO REBELLO
Impressão: META BRASIL

Versão impressa — LTr 6038.5 — ISBN 978-65-5883-046-7
Versão digital — LTr 9783.7 — ISBN 978-65-5883-051-1

Dados Internacionais de Catalogação na Publicação (CIP)

(Câmara Brasileira do Livro, SP, Brasil)

Teixeira Filho, Manoel Antonio

Cadernos de processo do trabalho, n. 38: mandado de segurança: terceira parte/Manoel Antonio Teixeira Filho. – São Paulo: LTr, 2021.

ISBN 978-65-5883-046-7

1. Direito processual do trabalho 2. Direito processual do trabalho – Brasil 3. Mandado de segurança – Brasil I. Título.

21-64573 CDU-347.9:331(81)

Índice para catálogo sistemático:

1. Brasil : Direito processual do trabalho 347.9:331(81)

Cibele Maria Dias – Bibliotecária – CRB-8/9427

SUMÁRIO

MANDADO DE SEGURANÇA COLETIVO

CAPÍTULO XIV

PETIÇÃO INICIAL

1. Comentário

A história do direito dos povos revela a existência de era prisca e nebulosa, em que ao indivíduo era lícito satisfazer, mediante o uso dos meios pessoais de que dispusesse, as suas pretensões relativas a bens ou utilidades da vida. Referimo-nos ao período da autodefesa ou da autotutela de direitos, caracterizado por uma absoluta indiferença dos governantes diante dos conflitos intersubjetivos de interesses ocorrentes entre os indivíduos integrantes do grupamento social.

A consequência disso era de que, nesse sistema, prevalecia não o direito (como seria desejável), mas a astúcia, a velhacada, a vontade dos poderosos e dos dominadores – enfim, dos ocasionais detentores dos poderes político e econômico.

Convencendo-se, todavia, de que essa autotutela poderia colocar em risco a estabilidade das relações jurídicas e das próprias relações sociais, o Estado avocou o encargo de solucionar os conflitos de interesses, tornando proibida, a contar desse momento de extraordinária importância para o direito dos homens, a realização da justiça pelas próprias mãos. Institui-se, em razão disso, a Justiça Pública ou Oficial e, com ela, a tríade fundamental em que ainda se apoiam os modernos sistemas de solução de lides: jurisdição, ação e processo, consistindo, a primeira, no poder-dever de dizer com quem está o direito; a segunda, no direito público subjetivo de invocar a prestação da tutela jurisdicional, seja para evitar a lesão de um direito, seja para obter o restabelecimento do direito violado; o terceiro, no método ou técnica de solução estatal dos conflitos de interesses.

Como a jurisdição civil (e a trabalhista) se encontra em estado de inércia, há necessidade de que o interessado a faça ativa, ou seja, provoque a atuação do poder-dever estatal a que há pouco aludimos, uma vez que, em regra, no processo civil e no do trabalho, o juiz não pode prestar essa tutela *ex officio* (CPC, art. 2.º). É o *princípio da demanda* de que nos fala a doutrina. Não conviria, efetivamente, à paz social e ao prestígio do próprio Poder Judiciário que se atribuísse aos magistrados a faculdade de fomentar lides, vale dizer, suscitar conflitos de interesses.

Posta a questão nesses termos, logo se percebe que a petição inicial representa o instrumento de que se vale o interessado para provocar o exercício da função jurisdicional do Estado. De outra parte, essa petição delimita a prestação jurisdicional a ser entregue, pois vem da lei a advertência de que o juiz não pode proferir sentença, em prol do autor, de natureza diversa da que foi solicitada, nem condenar o réu em quantidade superior ou em objeto distinto do que lhe foi demandado (CPC, arts. 141 e 492).

Por sua notável importância como peça de deflagração do processo, a petição inicial tem a sua validade subordinada a determinados requisitos de ordem formal, que, se desatendidos, podem motivar o seu indeferimento por inépcia (CPC, art. 330, I, e § 1.º).

Nessa petição, o autor formula *requerimentos* e pedidos, que são coisas diversas: aqueles concernem à relação jurídica processual (como o juiz ou tribunal a que a petição é dirigida; os nomes, prenomes, estado civil, profissão, domicílio e residência das partes; o valor da causa etc.); estes, ao mérito (como os fatos e os fundamentos do pedido e a especificação deste).

2. Requisitos da petição inicial

No tocante, em particular, à petição inicial da ação de segurança, diz a Lei n. 12.016/2009 que ela deverá "preencher os requisitos estabelecidos pela lei processual" (art. 6.º, *caput*). Embora o art. 840, § 1.º, da CLT indique os requisitos que a petição inicial deva conter, devemos considerar, para efeito da ação de mandado de segurança, os requisitos previstos no art. 319 do CPC. Ocorre que os requisitos mencionados no art. 840, § 1.º, da CLT dizem respeito às petições trabalhistas típicas, não se amoldando, com perfeição, às petição relativas a ações reguladas pelo direito processual civil incidentes no do trabalho.

Examinemos esses requisitos.

2.1. O juízo a que é dirigida

Esse é o primeiro requisito objetivo a que a petição inicial deve atender, nos termos do art. 319, I, do CPC. A CLT determina que essa petição contenha a "designação do presidente da Vara, ou do Juiz de Direito, a quem for dirigida" (art. 840, § 1º). Tratando-se, contudo, de matéria que integra a competência originária dos tribunais (ação rescisória, mandado de segurança, ação coletiva etc.), a petição inicial, também no processo do trabalho, indicará, no seu cabeçalho, o tribunal a que é encaminhada. A propósito, o CPC revogado fazia referência à indicação *do juiz* (art. 282, I); o Código atual, em melhor técnica, se refere ao *juízo*.

O problema de se saber a quem a inicial deve ser dirigida se resolve, sem maiores dificuldades, segundo as normas legais definidoras da competência dos diversos órgãos jurisdicionais; algumas dessas normas são de ordem constitucional, como é o caso do art. 114 da Suprema Carta, que fixa a competência material da Justiça do Trabalho.

Na Justiça do Trabalho, anteriormente à Emenda Constitucional n. 45/2004, a competência para apreciar ação assecuratória era exclusiva dos tribunais (entrava na competência originária destes); dessa maneira, o cabeçalho da petição inicial jamais faria menção ao juízo monocrático, e, sim, ao tribunal competente.

Com o advento da precitada EC, os órgãos de primeiro grau da jurisdição trabalhista (Varas) passaram a ser dotados de competência para apreciar ações de mandado de segurança. Assim, a petição inicial deverá mencionar o juízo monocrático ou o tribunal a que é dirigida, conforme seja a competência deste ou daquele.

Seja como for, não deve a parte mencionar o nome do juiz como destinatário da petição inicial, pois este não atua, na qualidade de diretor do processo, como pessoa física, senão como órgão estatal. Assim, no primeiro grau da jurisdição trabalhista, a inicial deve ser dirigida à Vara do Trabalho ou ao Juiz de Direito que se encontrar, circunstancialmente, investido nessa jurisdição especializada – vale dizer, ao juízo. Demais, a referência nominal ao juiz pode insinuar certa intimidade da parte com o magistrado, o que é de todo desaconselhável, em decorrência do dever de neutralidade a que este se acha legalmente jungido. Sob esse ângulo, podemos dizer que o juiz é sujeito não só desinteressado, como impessoal, do processo. É claro que o juiz não constitui uma abstração no mundo fenomênico, não é uma espécie de entidade mediúnica; ao contrário, ele é um elemento real e palpável, a quem a lei atribuiu o encargo de reger o processo, com vistas à solução dos conflitos de interesses que forem submetidos à sua cognição. Os traços pessoais da vida do magistrado só adquirem relevância para efeito de configurar a suspeição, proveniente, entre outras coisas, de amizade íntima com o autor ou de inimizade com o réu.

De resto, a inaplicabilidade, ao processo do trabalho, do princípio da identidade física do juiz (TST, Súmula n. 136) demonstra a absoluta desrazão dos que costumam indicar, na petição inicial, o nome do magistrado que, naquele momento, está respondendo pelo órgão jurisdicional. Não só na inicial, mas em qualquer petição, portanto, deve ser evitada essa *nominalidade*, esse culto injustificável à personalidade do magistrado.

2.2. Nomes, prenomes, estado civil, existência de união estável, profissão, número de inscrição no CPF ou no CNPJ, domicílio e residência do autor e do réu

A CLT menciona, apenas, a qualificação das partes (art. 840, § 1º).

No tocante às petições iniciais, em princípio, a indicação do nome, prenome, estado civil, existência de união estável, número de inscrição no CPF, profissão, endereço eletrônico, domicílio e a residência dos litigantes se destina não só a propiciar o exame da legitimidade (ativa e passiva), como a verificar a configuração de litispendência ou de coisa julgada e a evitar certos problemas ligados à homonímia. A mera indicação do nome seria insuficiente para isso; daí por que a lei exige a consignação do prenome, ou apelido-de-família. A informação quanto ao estado civil, ou a existência de união estável, em rigor, só se justifica para definir se há necessidade de consentimento uxório ou marital ou de citação de ambos os cônjuges. Nas ações trabalhistas, quase sempre, o réu é pessoa jurídica; assim, caberá ao autor apontar a denominação do estabelecimento ("empresa"), e, de preferência, a sua forma de constituição (sociedade por quotas de responsabilidade limitada, sociedade anônima etc.), e a sua natureza jurídica (de direito público ou de direito privado), assim como o número de inscrição no CNPJ do Ministério da Fazenda.

No caso de grupo econômico-financeiro, é indispensável a indicação de todas as sociedades que o integram, desde que o autor pretenda que elas se tornem responsáveis pelo adimplemento da obrigação que se contiver no título executivo emitido em seu favor. A pessoa jurídica que não fez parte da relação jurídica estabelecida no processo de conhecimento não terá legitimidade para figurar no polo passivo da relação processual que se constituir na execução. Embora a Súmula n. 205 do TST tenha sido cancelada, não há razão jurídica para abandonar o entendimento que nela estava expresso. Essa regra deve ser observada, enfim, *mutatis mutandis*, sempre que o autor pretender que mais de um réu venha a satisfazer, patrimonialmente, no momento oportuno, os direitos que lhe forem reconhecidos pela sentença passada em julgado (regimes litisconsorciais).

No processo do trabalho, a menção ao domicílio e à residência do réu dize respeito menos aos aspectos de definição da competência (porquanto esta se encontra fixada pelo art. 651 da CLT) do que à necessidade de comunicação dos atos processuais, máxime, o citatório. Se o réu estiver em lugar incerto, ou desconhecido, esse fato deverá ser esclarecido na inicial, cumprindo ao autor requerer que a citação seja efetuada por meio de edital (CLT, art. 841, § 1º).

Nas ações de segurança (Lei n. 12.016/2009), por outro lado, não há réu, e, sim, autoridade apontada como coatora; a esta não cabe reparar, com seu patrimônio, eventuais prejuízos causados a direito líquido e certo do impetrante, por ato que tenha praticado. Logo, é desnecessário mencionar-lhe, p. ex., o estado civil, a profissão, o domicílio e a residência.

Ocorre, no entanto, que pode haver, em alguns casos, uma espécie de "réu *sui generis*" nas ações de mandamentais. Assim afirmamos porque o art. 24 da Lei n. 12.016/2009 determina a aplicação aos processos de mandado de segurança do disposto nos arts. 46 a 49 do CPC de 1973, que correspondem aos arts. 113 a 118 do CPC de 2015. Estas normas legais regulam os regimes litisconsorciais. Litisconsorte *é parte*; por isso, deve ser citado. E, para tanto, há necessidade de, sendo pessoa física, ser indicado o seu nome, prenome, estado civil, profissão, residência e domicílio. Se o litisconsorte for pessoa jurídica, deverá ser mencionada a sua denominação, a sua inscrição no CNPJ, o seu endereço, quando menos.

Note-se que não estamos a referir-nos à pessoa jurídica de direito público interessada (que deverá ser também indicada na petição inicial, quando for o caso) a que se encontra vinculada a autoridade apontada como coatora (porquanto aquela pessoa jurídica somente poderá ingressar no processo, segundo nossa opinião, na qualidade de assistente litisconsorcial), e, sim, àquela pessoa cujo direito material possa estar em causa. É o caso típico do mandado de segurança impetrado na Justiça do Trabalho pelo réu (geralmente, um empregador) contra decisão judicial monocrática emitida em ação ajuizada por trabalhador em que este último deverá ser citado para integrar a lide na qualidade de litisconsorte necessário, conforme o entendimento jurisprudencial predominante.

Não concordamos com os juristas que sustentam ser a pessoa de direito público interessada litisconsorte passiva necessária na ação de mandado de segurança. Ora, o inciso II do art. 7.º da Lei n. 12.016/2009 é claro ao estatuir que, ao despachar a inicial, o juiz deverá dar *ciência* da ação à mencionada pessoa jurídica, para que, querendo, ingresse no feito. A norma legal não manda *citar* essa pessoa, senão que, apenas, dar-lhe *ciência* do processo – a fim de que, se desejar, intervenha na qualidade de assistente litisconsorcial, acrescentamos. Se se tratasse de litisconsórcio passivo *necessário*, o caso seria de *citação* (CPC, art. 114). Observe-se que o próprio inciso II do art. 7.º da Lei n. 12.016/2009 dispensa a remessa à pessoa jurídica de direito público dos documentos que instruem a inicial, bastando, apenas, o envio desta peça de provocação da atividade jurisdicional.

A exigência contida no inciso II do art. 319 do CPC – notadamente quando se tratar de pessoa física – constitui providência destinada não apenas a identificá-lo, com vistas à legitimidade, mas também a evitar certos transtornos ou inconvenientes oriundos de eventual homonímia.

Não se justifica, entretanto, a indicação do estado civil e da residência da autoridade apontada como coatora, porque esta, como dissemos, deve ser notificada da ação, para prestar informações, no endereço do órgão em que exerce as suas funções ou atribuições.

Se o autor não tiver capacidade para estar em juízo (legitimidade *ad processum*), deverá ser representado pelo pai, mãe, tutor, curador, ou, na falta destes, pela Procuradoria da Justiça do Trabalho (CLT, art. 793), ou, finalmente, por um curador à lide. Nessas hipóteses, a petição inicial deverá referir a representação processual, a fim de que o juiz possa examinar a sua regularidade. A capacidade para estar em juízo (assim como a para ser parte, que a precede) traduz pressuposto legal indispensável para a constituição e o desenvolvimento regulares da relação jurídica processual, motivo por que a sua falta, não sendo suprida no prazo assinado pelo juiz (CPC, art. 76, *caput*), provocará a extinção do processo sem resolução do mérito da causa (CPC, art. 485, IV), podendo, exatamente por isso, ser declarada *ex officio* (art. 485, § 3º).

Mesmo quando estiver atuando em causa própria, o autor deverá fornecer o endereço em que recebe intimações (CPC, art. 106, I).

2.3. Os fatos e os fundamentos jurídicos do pedido

Fatos, para os efeitos do inciso III do art. 319 do CPC, não são apenas os acontecimentos da vida, mas aqueles sucessos que se encontram abstratamente previstos na lei; são, pois, fatos jurídicos, cuja subsunção à norma legal incidente é obra que compete ao juiz realizar (da *mihi factum dabo tibi ius*). A *causa de pedir* é algo mais do que isso, pois traduz o produto da conjugação do fato jurídico, da relação jurídica que em virtude daquele se estabelece, e daquilo que o autor pretende. Esses elementos são indispensáveis para a definição da *causa petendi*, motivo por que de nenhum deles poderá a inicial prescindir.

Narrados os fatos, passará o autor (impetrante) à apresentação dos fundamentos jurídicos do pedido; o pedido tem, portanto, origem nos fatos expostos.

Apressemo-nos em esclarecer que fundamentos jurídicos e fundamentos legais, ao contrário do que se tem imaginado, não são a mesma coisa. Enquanto estes últimos se referem aos dispositivos constantes do ordenamento normativo (leis, cláusulas contratuais ou inseridas em acordos ou convenções coletivas, ou, ainda, em acórdãos proferidos pelos tribunais, no exercício da jurisdição normativa), que atribuem ao autor o direito alegado, aqueles constituem a moldura jurídica dos fatos narrados, ou seja, a relação jurídica em que se baseiam os pedidos. Os fundamentos jurídicos, por estarem ligados ao objeto do processo, são extremamente importantes, entre outras coisas, para: a) aferir a juridicidade dos pedidos; b) determinar a individuação da demanda, com a finalidade de configurar a existência, ou não, de litispendência; c) estabelecer os limites – subjetivos e objetivos – da coisa julgada material.

Demais, conquanto o juiz possa apreciar os pedidos por fundamentos legais diversos dos apresentados pelo autor, não lhe será lícito fazê-lo por fundamentos jurídicos não indicados pela parte.

A falta de causa de pedir ou de pedido acarretará o indeferimento da petição inicial, por inépcia (CPC, art. 330, I e § 1.º, I). Igual sorte merecerá essa peça quando da narração dos fatos não decorrer, de maneira lógica, a conclusão (§ 1º, II). O mesmo se diga quando a inicial for ininteligível. Antes, porém, de indefinir a petição inicial, o juiz deverá fixar o prazo de quinze dias (ou outro, que vier a ser fixado pelo magistrado trabalhista) para que o impetrate a corrija ou a complete (CPC, art. 321).

No plano doutrinal, formaram-se duas correntes acerca da causa de pedir, que vieram a desaguar nas teorias: a) da *substanciação* e b) da *individuação*. A primeira sustenta que a *causa petendi* corresponde ao fato ou conjunto de fatos capazes de fundamentar as pretensões do autor, porquanto é deles que deriva a conclusão; a segunda considera que a causa de pedir é a relação ou estado jurídico afirmado pelo autor como base de sua pretensão, colocando-se, assim, o fato em posição secundária, exceto quando imprescindível para individualizar a relação jurídica. O vigente Código de Processo Civil, ao introduzir no elenco dos requisitos para a validade da petição inicial o indigitamento dos fatos e dos fundamentos jurídicos do pedido (art. 319, III), demonstra haver perfilhado a teoria da *substanciação* da causa de pedir – o que não constitui novidade em nosso sistema, pois essa teoria já encontrara ressonância no inciso I do art. 158 do estatuto processual civil de 1939, no qual se impunha que tais fatos e fundamentos jurídicos fossem "expostos com clareza e precisão, de maneira que o réu possa preparar a defesa".

De modo geral, o pedido formulado em juízo pode ser de natureza declaratória, constitutiva ou condenatória. Na ação de segurança, todavia, a natureza do direito que por meio dela se visa a proteger e o procedimento especial estabelecido impedem a existência de pedido de condenação a reparar danos decorrentes do ato ilegal ou abusivo de poder. Não se admite, ainda, a formulação de pedido destinado ao recebimento de créditos, porquanto "O Mandado de segurança não é substitutivo de ação de cobrança", como declara a Súmula n. 269 do Supremo Tribunal Federal.

Não pode o impetrante, por isso, pretender o ressarcimento de danos provocados no seu patrimônio econômico, pelo ato da autoridade coatora; pedido dessa natureza deverá ser efetuado em ação distinta e adequada.

Lembra, porém, Alfredo Buzaid que a Lei n. 5.021, de 9 de junho de 1966, trouxe uma exceção a essa regra ao dispor sobre o pagamento de vencimentos e vantagens pecuniárias assegurados em sentença concessiva de mandado de segurança a servidor público civil, vindo essa norma legal a dar fim à controvérsia surgida na jurisprudência, que motivou o Excelso Pretório a editar a Súmula n. 271, assim redigida: "Concessão de mandado de segurança não produz efeitos patrimoniais, em relação ao período pretérito, os quais devem ser reclamados administrativamente ou pela via judicial própria". Posteriormente, a Lei 5.021/1966 proibiu a concessão de liminar, "para efeito de pagamento de vencimentos e vantagens pecuniárias". Essa norma legal, todavia, foi revogada pela Lei n. 12.016/2009 (art. 29), cujo art. 14, § 4.º permite a impetração do *mandamus* por servidor público da administração direta ou autárquica federal, estadual ou municpal, com a finalidade de obter o pagamento de vencimentos e vantagens pecuniárias – que serão devidos, apenas, a contar da data do ajuizameneto da petição inicial.

2.4. O pedido e suas especificações

O CPC de 2015 exige que o pedido seja *certo* (art. 322) e *determinado* (art. 324). A CLT impõe, ainda, que o pedido seja líquido (art. 840, § 1.º).

O indivíduo ou as coletividades não invocam a tutela jurisdicional pela simples satisfação de invocá-la, mas para formular pedidos, ou seja, para obter um provimento estatal que lhes assegure um bem ou uma utilidade da vida. Esse pronunciamento da jurisdição terá efeito declaratório, constitutivo, condenatório, conforme exigir o direito material que se deseja ver assegurado. Podem ser incluídos, também, os efeitos mandamental e executivo, se admitirmos a classificação quinária das ações, formulada por Pontes de Miranda.

O objeto imediato da ação é a tutela jurisdicional e o mediato, o pedido que se formula na causa.

É certo, por outro lado, que o pedido não pode ser apresentado sem um mínimo de motivação, vale dizer, da indicação das razões de fato e de direito que levaram o autor a formulá-lo. A causa de pedir é, portanto, a conjugação dos fatos originadores da demanda e dos fundamentos jurídicos em que se lastreia o pedido. Um pedido sem *causa petendi* conduzirá à inépcia da petição inicial, do mesmo modo como inepta será essa peça quando dela constar, apenas, a causa de pedir (CPC, art. 330, I).

Essas considerações propedêuticas já nos permitem definir o pedido, no campo processual, como o objeto mediato da ação, a pretensão que se deduz em juízo, concernente a um bem ou a uma utilidade da vida. O conceito de *res in iudicio deducta*, entretanto, é um pouco mais amplo do que o de pedido, uma vez que o compreende. Com efeito, integram a *res* não somente o pedido, mas a causa de pedir, que enuncia a existência de uma relação jurídica (em regra, material) entre as partes, originadora das postulações do autor.

Pedido e *requerimento*, por sua vez, não se confundem. Aquele, como afirmamos, exprime a pretensão deduzida na causa; este nada mais espelha do que uma providência que se solicita ao juiz, tendente a fazer com que o acolhimento do pedido se torne possível: requerimento para a juntada de documentos, produção de prova pericial, inquirição de testemunhas etc. Os requerimentos se encontram, portanto, a serviço dos pedidos. Em um determinado aspecto, podemos dizer que enquanto o pedido está ligado ao mérito da causa, o requerimento concerne ao procedimento. Se examinarmos os requisitos para a validade da petição inicial, apontados pelo art. 319 do CPC, veremos que os incisos I, II, V, VI e VII aludem ao procedimento, ao passo que os incisos III (fatos e fundamentos jurídicos do pedido) e IV (pedido e suas especificações) dizem respeito ao mérito da demanda.

Certeza

Não basta que o pedido seja precedido da correspondente *causa petendi;* é indispensável, ainda, que ele seja certo (CPC, art. 322). A certeza se refere ao seu objeto.

Embora o CPC anterior dissesse que o pedido deveria ser *certo* ou *determinado,* sempre entendemos que deveria, na verdade, reunir essas duas qualidades, ou seja, ser certo *e* determinado, sem que fosse, nisso, alguma redundância. Realmente, a *certeza* do pedido é algo que toca ao seu objeto: deseja-se saber o que dele consta. A sua *determinação,* contudo, é necessária para individualizá-lo, para especificá-lo, para desassemelhá-lo de outros. Pedir, *e.g.,* a repercussão das horas extras habituais no repouso semanal remunerado não é o mesmo que pleitear a diferença desse repouso em decorrência das diferenças provenientes da inclusão do adicional noturno no cálculo das horas extras.

Estão compreendidos na condenação a correção monetária, os juros da mora, as despesas da sucumbência e os honorários de advogado. Com relação a estes últimos, a norma deve ser aplicada, no processo do trabalho, mediante observância das Súmulas ns. 219 e 329 do TST, e da Instrução Normativa n. 27/2005, art. 5º, do mesmo Tribunal (CPC, art. 322, § 1.º).

Os pedidos não devem ser interpretados de maneira isolada, e, sim, em conjunto com os demais. Além disso, a interpretação deverá atender ao princípio da boa-fé (CPC, art. 322, § 2.º).

Em um primeiro lançar de olhos, pode parecer que o legislador impôs, aqui, uma profunda modificação da regra estabelecida pelo CPC de 1973. Assim dizemos porque o art. 293 do Código revogado dispunha: "Os pedidos são interpretados *restritivamente,* compreendendo-se, entretanto, no principal os juros legais" (destacamos). A norma impunha, portanto, uma interpretação restritiva das pretensões deduzidas em juízo, sob pena de o pronunciamento jurisdicional ser considerado *ultra* ou *extra petita.* Conquanto o § 2.º do art. 322 do CPC de 2015, conforme vimos, declare que os pedidos não devam ser interpretados de modo isolado, senão que em conjunto com os demais, isso não significa que tenha sido deitada por terra a regra que estava contida no art. 293 do CPC anterior. O texto atual apenas determina que os pedidos não sejam interpretados *per se*, isoladamente, e, sim, em conjunto com as demais postulações formuladas pela parte. A interpretação deve, pois, ser *sistemática* e não *insulada*. Se entendêssemos que, doravante, os pedidos poderiam ser interpretados de maneira *ampliativa*, transbordante dos seus limites objetivos, ficaríamos em dificuldade de: a) explicar a razão da existência do art. 10 do mesmo Código, que veda o que a doutrina e a jurisprudência passaram a denominar de "decisão surpresa"; b) justificar a lesão perpetrada às garantias constitucionais do contraditório, da ampla defesa e do devido processo legal. Os juízes em geral, e os juízes do trabalho, em particular, devem, por isso, ser extremamente comedidos na aplicação da regra inscrita no § 2.º do art. 322 do CPC.

Determinação

A determinação do pedido deriva de sua delimitação qualitativa e quantitativa.

A despeito de a determinação do pedido constituir a regra a ser observada, a própria lei permite a formulação de pedido *genérico* quando: 1) nas ações universais, o autor não individuar na petição inicial os bens demandados; 2) não for possível determinar, desde logo, as consequências do ato ou do fato ilícito; 3) a determinação do objeto ou do valor da condenação depender de ato que deva ser praticado pelo réu (CPC, art. 324, § 1.º, I a III)Se a pretensão recair em uma universalidade de bens, não haverá necessidade de o autor especificar esses bens (exceto, é evidente, se dispuser de elementos para individuá-Ios). Para esse efeito, a universalidade pode ser tanto de fato quanto de direito (CPC, art. 324, § 1.º, I).Se, ao ser ajuizada a petição inicial, o autor não puder indicar, desde logo, as consequências legais do ato praticado pelo réu, será suficiente que pleiteie a condenação deste ao ressarcimento dos danos, cujo montante será apurado oportunamente (CPC, art. 324, § 1.º, II).

Em ações como a de prestação de contas, o autor poderá apresentar pedido genérico, sempre que não lhe for possível precisar, desde logo, a quantidade do pedido, por depender, essa "quantificação", de ato a ser realizado pelo réu (CPC, art. 324, § 1.º, III).

A faculdade relativa à formulação de pedidos genéricos é, sem dúvida, conciliável com o processo do trabalho, conquanto não tenha, aqui, larga aplicação. Uma das razões pelas quais isso ocorre está, provavelmente, no fato de os valores devidos aos trabalhadores (a título de salários, férias, gratificação natalina, indenização etc.) serem legalmente preestabelecidos; outra, na circunstância de o processo do trabalho não conhecer ações universais (*universitatis facti e universitatis iuris*).

A maior incidência de pedidos genéricos, nas iniciais trabalhistas, tem como fundamento o inciso II do art. 324 do CPC, pois nem sempre é possível ao trabalhador determinar, de plano, a quantidade de horas extras prestadas, de adicional noturno, o montante das comissões retidas e o mais. Aqui, justamente por isso, o pedido é apresentado de maneira ilíquida.

Dispunha, aliás, o parágrafo único do art. 459 do CPC de 1973 que quando o autor houvesse formulado pedido certo, era defeso ao juiz proferir sentença ilíquida. *Data venha*, quer nos parecer que a referência deveria ter sido a pedido *líquido*, não a pedido *certo*. Em primeiro lugar, porque, a entender-se de modo diverso, estar-se-ia imaginando a possibilidade de haver pedidos *incertos*, o que seria inconcebível (afinal, como iria o réu defender-se diante de algo indefinido, e, pelo mesmo motivo, como poderia ser prestada a tutela jurisdicional pretendida?); em segundo, ao requisito da liquidez da sentença deveria corresponder o da liquidez do pedido.

Na inicial da ação de segurança, cabe ao autor solicitar um provimento que restabeleça o seu direito subjetivo líquido e certo, violado por ato ilegal ou abusivo do poder, praticado por autoridade pública, ou que afaste a ameaça de lesão grave e iminente.

Liquidez

Com a nova redação imposta pela Lei n. 13.467/2017 ao § 1.º do art. 840 da CLT, o processo do trabalho passou a exigir que os pedidos formulados na inicial indiquem o respectivo valor, ou seja, se apresentem *líquidos*.

Sempre, pois, que for o caso, a petição inicial alusiva à ação de mandado de segurança deverá atender a essa exigência legal. Do ponto de vista formal, valor *do pedido* não se confunde com o valor *da causa*, embora este deva corresponder àquele.

2.5. O valor da causa

Controverte-se, na doutrina, quanto à necessidade de a petição inicial da ação de segurança indicar o valor da causa. Determinado setor da doutrina entende estar essa inicial sujeita às mesmas exigências relativas às ações em geral, motivo por que dela deverá constar o valor dado à causa, sob pena de ser indeferida. Para outros, como Othon Sidou, "Não há caso de mandado de segurança a que se possa dar valor à causa sem o arrimo a simbolismo, e assim porque a reparação não se faz nunca *in pecunia*, mas em espécie".[1]

---

(1) Obra cit., p. 112.

Em que pese o fato de, efetivamente, a reparação buscada por via do *mandamus* não ser de natureza pecuniária (pois a sentença ou o acórdão nunca é condenatório, mas declaratório ou constitutivo), e, desse modo, ser ponderado o pensamento de Othon Sidou, não podemos ignorar o mandamento que emana do art. 291 do atual digesto de processo civil, de que "*A toda causa será atribuído um valor certo, ainda que não tenha conteúdo econômico imediatamente aferível*" (destacamos).

Assim, fica patente que o valor da causa figura como requisito indispensável da inicial de ação de segurança; isso significa dizer que se o juiz ou o relator constatar que dita exigência não foi atendida pelo impetrante, deverá assinar-lhe o prazo de quinze dias (CPC, art. 321, *caput*) para suprir a falta, sob pena de indeferimento daquela peça (art. 321, parágrafo único), de sorte a gerar a extinção do processo sem julgamento do mérito (CPC, art. 485, I).

A petição inicial também deverá ser indeferida liminarmente (por decisão fundamentada), quando não for caso de mandado de segurança; quando faltar algum dos requisitos legais; e quando a ação for ajuizada intempestivamente (Lei n. 12.016/2009, art. 10, *caput*).

Como a referida norma legal cogita do indeferimento dessa peça quando lhe faltar "algum dos requisitos desta lei" e como um desses requisitos, como vimos, é o valor da causa, poder-se-ia pensar que ao juiz ou relator caberia: a) assinar prazo para o impetrante mesmo quando "não fosse o caso de mandado de segurança", ou b) indeferir, de plano, a inicial, quando não fizesse menção ao valor da causa.

Nada disso. A fixação de prazo, na hipótese de faltar o valor da causa, é expressamente prevista pelo art. 291 do CPC; já a assinação desse prazo quando não for o caso de mandado de segurança seria rigorosamente inútil, na medida em que nada poderia fazer o impetrante para tornar o *writ* cabível na espécie.

As custas serão calculadas de acordo com os arts. 789 e 789-A da CLT, no que couberem. A dispensa do pagamento das custas é regida pelo art. 790 do mesmo texto legal. A União, os Estados, o Distrito Federal, os Municípios e suas autarquias; as fundações públicas federais, estaduais ou municipais (que não explorem atividade econômica), assim como o Ministério Público do Trabalho, estão isentos do pagamento de custas processuais (CLT, art. 790-A).

2.6. As provas com que o autor pretende demonstrar a verdade dos fatos alegados

Via de regra, o autor requer, na inicial, a produção das provas necessárias para demonstrar a veracidade dos fatos narrados naquela peça.

A especificação dos meios probantes, no entanto, é dispensável na ação de segurança, porquanto a prova, aqui, é exclusivamente documental; e os documentos em que o autor funda a sua pretensão devem ser juntados à petição inicial (Lei n. 12.016/2009, art. 6.º, *caput*). Cuida-se, pois, por princípio, de prova pré-constituída – que só perderá essa característica na situação prevista no § 1.º do art. 6.º da Lei n. 12.016/2009, assunto de que trataremos no próximo parágrafo.

Se o documento necessário à prova do alegado encontrar-se em repartição ou estabelecimento público, ou em poder de autoridade que se recuse a fornecê-lo por certidão, ou de terceiro, o juiz ordenará, preliminarmente, por ofício, a exibição desse documento, em original ou em cópia autêntica, e marcará prazo de dez dias para o cumprimento da determinação, cabendo ao funcionário do juízo extrair cópias do documento para juntá-las à segunda via da petição (Lei n. 12.016/2009, art. 6.º, § 1.º). Se a autoridade que houver procedido desse modo for a própria coatora, a ordem será dada no mesmo instrumento da notificação (art. 6.º, § 2.º). Como se trata de exibição de documento, pode-se utilizar, em caráter supletivo, as disposições dos arts. 396 a 404 do CPC naquilo em que não forem incompatíveis com a necessária celeridade do procedimento da ação de mandado de segurança ou com as disposições da Lei n. 12.016/2009.

Fique claro: embora o juiz ou o relator não esteja obrigado a intimar o impetrante no que tange à juntada de documentos pela autoridade coatora, aquele, caso tenha ciência desses documentos (talvez por mera casualidade), poderá trazer outros aos autos, para contrapô-los aos apresentados pela autoridade coatora.

O que não nos parece aceitável é a arguição de falsidade documental, seja pelo impetrante ou pelo coator, pois a celeridade que se exige do procedimento do *mandamus* repele a instauração dessa espécie de incidente, máxime se considerarmos a circunstância de que essa arguição deságua, inevitavelmente, em exame pericial (CPC, art. 432, *caput*).

É oportuno destacar que o documento oferecido pela autoridade coatora deve ser presumido como verdadeiro (salvo prova em contrário), pois a administração pública tem, em seu benefício, essa presunção (Decreto-Lei n. 779/1969, art. 1.º, I).

No caso de o mandado de segurança ser impetrado por telegrama ou radiograma, ou outro meio eletrônico de autenticidade comprovada (Lei n. 12.016/2009, art. 4.º, *caput*), em virtude de urgência, é óbvio que os documentos, que acaso o impetrante possua, não acompanharão o telegrama, o radiograma ou o meio eletrônico, embora devam ser juntados aos autos na primeira oportunidade. A própria autoridade coatora será intimada pelos referidos meios e, em decorrência disso, é muito provável que ainda não conheça o teor dos documentos quando tiver de prestar as informações solicitadas. Sem se descuidar do imperativo da celeridade do procedimento, deverá o juiz dar ciência a essa autoridade dos aludidos documentos, assim que sejam trazidos aos autos, mesmo que as informações já tenham sido fornecidas. Nada obsta a que, ciente do conteúdo dos documentos, a autoridade coatora apresente informações complementares, mesmo que a liminar tenha sido concedida: é que tais informações poderão ser úteis para o julgamento da ação.

Convém ressaltar, a essa altura, a advertência contida na Súmula n. 415 do TST: "MANDADO DE SEGURANÇA. PETIÇÃO INICIAL. ART. 321 DO CPC DE 2015. ART. 284 DO CPC DE 1973. INAPLICABILIDADE. (atualizada em decorrência do CPC de 2015) – Res. 208/2016, DEJT divulgado em 22, 25 e 26.04.2016. Exigindo o mandado de segurança prova documental pré-constituída, inaplicável o art. 321 do CPC de 2015 (art. 284 do CPC de 1973) quando verificada, na petição inicial do 'mandamus', a ausência de documento indispensável ou de sua autenticação. (ex-OJ n. 52 da SBDI-2 – inserida em 20.09.2000). Não concordamos com essa orientação do TST. O art. 321 do CPC faz remissão não apenas ao art. 319 desse Código, mas, também, ao art. 320, conforme o qual a petição inicial deverá ser instruída com os documentos indispensáveis à propositura da ação. Em síntese, mesmo no caso de a inicial estar desacompanhada de documento essencial incidirá a regra do art. 321 do CPC.

O art. 6.º, *caput,* da Lei n. 12.016/2009 exige que a petição inicial seja apresentada em duas vias "com os documentos que instruírem a primeira reproduzidos na segunda". Todavia, o inciso II do art. 7.º da mesma norma legal ordena que se dê ciência do feito ao órgão de representação judicial da pessoa jurídica interessada, "enviando-lhe cópia da inicial sem documentos".

Ora, o art. 6.º, *caput,* deixa claro que o impetrante deverá apresentar a inicial em duas vias, sabendo-se que a primeira será autuada, e a segunda, remetida à autoridade apontada como coatora. Como o inciso II do art. 7.º impõe o envio de (outra) cópia ao órgão de representação da pessoa jurídica interessada, conclui-se que, na verdade, a petição inicial deverá ser apresentada em *três* vias: uma, original; as duas outras sob a forma de cópias. Não é só. Se for o caso de litisconsórcio (Lei n. 12.016/2009, art. 24), mais uma via deverá ser oferecida. Assim, teremos *quatro* vias: a original e três cópias.

Inclui-se no elenco dos documentos a serem apresentados com a petição inicial a procuração outorgada ao advogado. A esse respeito, é conveniente transcrevermos o conteúdo da OJ n. 151 da SDI-2 do TST: "AÇÃO RESCISÓRIA E MANDADO DE SEGURANÇA. PROCURAÇÃO. PODERES ESPECÍFICOS PARA AJUIZAMENTO DE RECLAMAÇÃO TRABALHISTA. IRREGULARIDADE DE REPRESENTAÇÃO PROCESSUAL. FASE RECURSAL. VÍCIO PROCESSUAL SANÁVEL. (nova redação em decorrência do CPC de 2015) – Res. 211/2016, DEJT divulgado em 24, 25 e 26.08.2016. A procuração outorgada com poderes específicos para ajuizamento de reclamação trabalhista não autoriza a propositura de ação rescisória e mandado de segurança. Constatado, todavia, o defeito de representação processual na fase recursal, cumpre ao relator ou ao tribunal conceder prazo de 5 (cinco) dias para a regularização, nos termos da Súmula n. 383, item II do TST".

Em sua redação anterior, a OJ n. 151 não admitia a regularização da representação processual na fase de recurso, "nos termos da Súmula n. 383, item II, do TST". Constava do item II da precitada Súmula: "II – Inadmissível na fase recursal a regularização da representação processual, na forma do art. 13 do CPC, cuja aplicação se restringe ao Juízo de 1º grau. (ex-OJ n. 149 da SBDI-1 – inserida em 27.11.1998)". O teor atual da Súmula n. 383 do TST é este: "RECURSO. MANDATO. IRREGULARIDADE DE REPRESENTAÇÃO. CPC DE 2015, ARTS. 104 E 76, § 2.º (nova redação em decorrência do CPC de 2015) – Res. 210/2016, DEJT divulgado em 30.06.2016 e 01 e 04.07.2016. I – É inadmissível recurso firmado por advogado sem procuração juntada aos autos até o momento da sua interposição, salvo mandato tácito. Em caráter excepcional (art. 104 do CPC de 2015), admite-se que o advogado, independentemente de intimação, exiba a procuração no prazo de 5 (cinco) dias após a interposição do recurso, prorrogável por igual período mediante despacho do juiz. Caso não a exiba, considera-se ineficaz o ato praticado e não se conhece do recurso. II – Verificada a irregularidade de representação da parte em fase recursal, em procuração ou substabelecimento já constante dos autos, o relator ou o órgão competente para julgamento do recurso designará prazo de 5 (cinco) dias para que seja sanado o vício. Descumprida a determinação, o relator não conhecerá do recurso, se a providência couber ao recorrente, ou determinará o desentranhamento das contrarrazões, se a providência couber ao recorrido (art. 76, § 2º, do CPC de 2015)".

3. O indeferimento da petição inicial

Embora já tenhamos feito referências passageiras aos casos que autorizam o juiz a indeferir a petição inicial, julgamos conveniente retornar ao assunto, para, desta feita, sistematizá-lo em item específico.

Comecemos por observar que o art. 10 da Lei n. 12.016/2009 determina o indeferimento *liminar* da petição inicial de mandado de segurança quando: a) não for o caso de mandado de segurança; b) faltar-lhe algum dos requisitos legais; c) a inicial for ajuizada a destempo.

Ao fazer menção ao indeferimento "desde logo" da inicial, a norma legal parece afastar a possibilidade de o juiz ou o relator aplicar o art. 321 do CPC, para mandar o impetrante sanar os defeitos ou irregularidades daquela peça processual – só podendo indeferi-la se a parte não adotar, no prazo da lei, a providência corretiva que lhe cabe.

Separemos as situações. Entendemos que não será possível a incidência do art. 321 do CPC quando: a) não for o caso de mandado de segurança; b) a inicial for protocolada em juízo quando já exaurido o prazo legal. Em tais situações, não há como salvar a inicial; logo, o seu indeferimento, de plano, será inevitável. Tratando-se, contudo, de faltar a ela alguns dos requisitos legais (formais), não vemos obstáculo à aplicação do art. 321 do CPC, caso em que cumprirá ao juiz ou ao relator intimar o autor da ação mandamental para que, no prazo de quinze dias, emende ou complete a petição inicial, indicando-lhe com precisão o que deve ser corrigido ou emendado.

No tocante, ainda, à falta de algum requisito legal, admitimos uma exceção: a inexistência de documento comprobatório dos fatos em que se funda o pedido. Assim afirmamos porque a prova, em processo de mandado de segurança, é sempre *documental*, sendo, portanto, pré-constituída, como evidencia o *caput* do art. 6.º da Lei n. 12.016/2009.

Examinemos, agora, de maneira específica, os casos em que o art. 10 da Lei n. 12.016/2009 determina o indeferimento *liminar* da petição inicial de mandado de segurança.

3.1 Não for o caso de mandado de segurança

De certo modo, podemos extrair do art. 5.º da própria Lei n. 12.016/2009 algumas situações que autorizam o indeferimento da inicial. São eles: 1) quando o ato possa ser objeto de recurso administrativo com efeito suspensivo, independentemente de caução (inciso I). Observe-se, porém, que "A existência de recurso administrativo com efeito suspensivo não impede o uso do mandado de segurança contra omissão da autoridade" (STF, Súmula n. 429); 2) tratando-se de decisão judicial da qual caiba recurso com efeito suspensivo (inciso II). Complemente-se: "Não cabe mandado de segurança contra decisão judicial passível de recurso ou correição" (STF, Súmula n. 267); 3) de decisão judicial transitada em julgado (inciso III). Assim também dispõem as Súmulas n. 33 do TST e 268 do STF.

A petição inicial deverá ser igualmente indeferida, *in limine,* quando o mandado for impetrado contra ato de gestão comercial praticado pelos administradores de empresas públicas, de sociedades de economia mista e de concessionárias de serviço público (Lei n. 12.016/2009, art. 1.º, § 2.º), em que pese o fato de entendermos que essa norma legal seja de duvidosa constitucionalidade.

3.2 Falta de atendimento a requisito legal

A ausência de documento comprobatório dos fatos em que se funda a ação mandamental acarretará o indeferimento liminar da inicial, sem possibilidade de aplicação do art. 321 do CPC.

Repitamos: a prova, em processo de mandado de segurança, é sempre documental, sendo, portanto, *pré-constituída,* como evidencia o *caput* do art. 6.º da Lei n. 12.016/2009.

Admitimos a incidência do art. 321 do CPC – máxime, no processo do trabalho – como providência destinada a evitar o indeferimento, de plano, da petição inicial e a extinção do processo sem resolução do mérito.

Assim, se o advogado da parte não declarar, nos termos do art. 830, *caput*, da CLT, que os documentos juntados sob a forma de cópias são autênticos, e houver impugnação pela parte contrária, nada obsta a que o juiz fixe prazo para que o advogado formule essa declaração; apresente cópias autenticadas por tabelião; ou exiba os originais, para que o serventuário efetue a conferência e certifique a conformidade entre os originais e as respectivas cópias (CLT, art. 830, parágrafo único). Somente se o despacho judicial não for cumprido é que se deverá extinguir o processo – sem resolução do mérito, esclareça-se.

No caso específico do impetrante, é inadmissível – sob a perspectiva do *dever* constitucional a que o Estado está submetido, qual seja, de subministrar a tutela jurisdicional da qual é detentor monopolístico – que o direito dos indivíduos ou das coletividades possa vir a sofrer lesão grave, irreparável ou de difícil reparação, simplesmente porque o impetrante não atendeu a uma formalidade que, há muito, deveria ter sido anatematizada dos foros judiciais, em nome da simplicidade do processo e da honestidade das pessoas que vão a juízo, como era a autenticação de documentos apresentados em forma de cópias.

A esse respeito, escrevemos em outro livro, quando estava em vigor o CPC de 1973:

> É imprescindível, pois, que o TST reformule a sua Súmula n. 415, conforme a qual "Exigindo o mandado de segurança prova documental pré-constituída, inaplicável se torna o art. 284 do CPC quando verificada, na petição inicial do *mandamus*, a ausência de documento indispensável ou de sua autenticação". A revisão da Súmula, que estamos a alvitrar, consiste na supressão da expressão: "ou de sua autenticação". Com isto, seria causa de indeferimento, desde logo, da petição inicial, apenas, o fato de esta peça processual não estar acompanhada dos documentos a que se refere o art. 6.º, da Lei n. 12.016/2009. A falta de autenticação desses documentos constituiria – como, para nós, constitui – irregularidade perfeitamente sanável, mesmo em sede de ação de mandado de segurança, se não perdermos de vista a particularidade de estarmos a cogitar do uso desse *writ* no processo do trabalho.

O teor da Súmula n. 415, conforme demonstramos em linhas anteriores, acabou sendo reformulado, passando a constar do seu item II: "Verificada a irregularidade de representação da parte em fase recursal, em procuração ou substabelecimento já constante dos autos, o relator ou o órgão competente para julgamento do recurso designará prazo de 5 (cinco) dias para que seja sanado o vício. Descumprida a determinação, o relator não conhecerá do recurso, se a providência couber ao recorrente, ou determinará o desentranhamento das contrarrazões, se a providência couber ao recorrido (art. 76, § 2º, do CPC de 2015)".

Com a nova orientação, o TST não só passou a admitir a possibilidade de ser corrigida a irregularidade de representação, em grau de recurso, como eliminou a expressão "ou de sua autenticação", referente a cópias de documentos que instruem a petição inicial da ação de mandado de segurança.

4. Ajuizamento fora do prazo legal

Se a petição inicial for protocolada no juízo competente quando já excedido o prazo de cento e vinte dias contados da data da ciência, pelo interessado, do ato impugnado (Lei n. 12.016/2009, art. 23), a inicial será indeferida desde logo.

Com vistas a esse risco, citamos, mais uma vez, as Súmulas ns. 310 e 632 do STF. Estabelece a primeira: "Quando a intimação tiver lugar na sexta-feira, ou a publicação com efeito de intimação for feita nesse dia, o prazo judicial terá início na segunda-feira imediata, salvo se não houver expediente, caso em que começará no primeiro dia útil que se seguir"; e a segunda: "É constitucional a lei que fixa prazo de decadência para a impetração de mandado de segurança".

Oportuna é, por igual, a reprodução da OJ n. 127 da SDI-2 do TST: "Mandado de segurança. Decadência. Contagem. Na contagem do prazo decadencial para ajuizamento de mandado de segurança, o efetivo ato coator é o primeiro em que se firmou a tese hostilizada e não aquele que a ratificou".

Há situações, no entanto, em que o indeferimento da petição inicial da ação de mandado de segurança não se dá "desde logo", senão que depois de não haver sido cumprido o despacho judicial que impôs determinada providência ao impetrante. É o que poderíamos denominar de "indeferimento diferido", em contraposição ao que ocorre de plano (*in limine*).

Vamos aos exemplos.

Se o mandado de segurança for impetrado, nos casos de urgência, por telegrama, radiograma, fac-símile ou outro meio eletrônico, incumbirá ao impetrante apresentar o texto original da petição nos cinco dias úteis que se seguirem à impetração (Lei n. 12.016/2009, art. 4.º, § 2.º). Não o fazendo, a inicial será indeferida. Nessa hipótese, em rigor, o indeferimento não será desde logo, nem dependerá de despacho determinando o cumprimento do prazo legal.

Conforme mencionamos em linhas anteriores, na hipótese de o impetrante, descumprindo a regra inscrita nos arts. 322 e 324 do CPC, deduzir pedido que não seja certo e determinado, estará impedindo o proferimento da decisão de mérito de forma certa e determinada; verificando, o juiz ou o relator, essa falha da petição inicial, deverá fixar prazo de quinze dias para que o impetrante a corrija (CPC, art. 321, *caput*), sob pena de ser indeferida (art. 321, parágrafo único), com a consequente extinção do processo sem resolução do mérito (CPC, arts. 485, I, e 321, parágrafo único).

O valor da causa constitui exigência legal (CPC, art. 291), mesmo no caso de ação de mandado de segurança, segundo entendemos. Isso significa dizer que se o juiz ou o relator, verificando que essa exigência não foi atendida pelo impetrante, deverá assinar-lhe o prazo de quinze dias (CPC, art. 321, *caput*), ou qualquer outro, para suprir a falta, sob pena de indeferimento daquela peça (art. 321, parágrafo único), de modo a gerar a extinção do processo sem julgamento do mérito (CPC, art. 485, I). Estamos, portanto, reformulando o nosso entendimento, manifestado em obras anteriores.

O art. 10 da Lei n. 12.016/2009, como vimos, alude ao indeferimento, *desde logo*, da petição inicial da ação de mandado de segurança. Por outro lado, o § 5.º do art. 6.º da mesma norma legal prevê a *denegação* do mandado de segurança nos casos previstos no art. 267 do CPC de 1973, que corresponde ao art. 485 do CPC de 2015. Trata-se, neste último caso, de extinção do processo sem resolução do mérito. Entre as situações aqui previstas para a extinção do processo está a do indeferimento da petição inicial (inciso I), de que cuida o art. 10 da Lei n. 12.016/2009.

Em síntese, o processo de mandado de segurança pode ser extinto, sem apreciação do mérito, nas situações referidas no art. 485 do CPC (no que couber), e no art. 10 da Lei n. 12.016/2009.

O indeferimento da petição inicial, por qualquer motivo que seja, não impede que o impetrante postule, por ação própria, os seus direitos e os efeitos patrimoniais que lhes correspondem, como elucida o art. 19 da Lei n. 12.016/2009. Por outro lado, se a decisão negatória da segurança não houver apreciado o mérito, o pedido de concessão do *mandamus* poderá ser renovado (Lei n. 12.016/2009, art. 6.º, § 6.º), salvo, é certo, se o impetrante já houver decaído desse direito, pela exaustão de prazo de cento e vinte dias, de que trata o art. 23 da mesma norma legal.

Segundo, ainda, *o caput* do art. 10 da Lei n. 12.016/2009, a decisão que indeferir a petição inicial de mandado de segurança deverá ser fundamentada. Não havia necessidade dessa exigência, por estar contida, muito antes, e com preeminência hierárquica, no inciso IX do art. 93 da Constituição Federal. Tem sido hábito, aliás, por parte do legislador infraconstitucional, reiterar (talvez, em caráter didático) essa exigência, como se verifica em algumas situações do CPC.

Da sentença que indeferir a petição inicial caberá recurso ordinário (CLT, art. 895, *a*). Caso a competência para apreciar a ação de mandado de segurança seja originária do tribunal, a decisão do relator, que indeferir a inicial, poderá ser objeto de agravo (Lei n. 12.016/2009, art. 10, § 1.º).

Merece análise particular, agora, o disposto no art. 19 da Lei n. 12.016/2009, conforme o qual a sentença ou o acórdão denegatórios do mandado de segurança, *sem decidir o mérito*, não impedirá que o impetrante, por ação própria, postule os seus direitos e os respectivos efeitos patrimoniais.

Não se cuida, aqui, exclusivamente, de indeferimento da petição inicial, senão que de extinção, em geral, do processo, *sem* resolução do mérito (CPC, art. 485). Pois bem. No sistema da Lei n. 1.533/1951: a) a decisão proferida em processo de mandado de segurança não impedia que o requerente pleiteasse, mediante ação própria, os seus direitos e os correspondentes efeitos patrimoniais (art. 15), embora também permitisse ao impetrante ingressar com mandado de segurança idêntico ao anterior sempre que a decisão houvesse extinto o processo sem resolução do mérito (art. 16). No sistema atual, da Lei n. 12.016/2009, não foi reproduzida a regra do art. 16 da Lei n. 1.533/1951. Diante disso, deve-se entender que, nos dias de hoje, o interessado já não pode renovar o mandado de segurança, mesmo nos casos em que o processo tenha sido extinto sem resolução do mértio? Entendemos ser possível essa renovação. O silêncio do art. 19 da Lei n. 12.016/2009, no tocante ao tema, não pode ser interpretado como intenção do legislador de vedar a possibilidade de o interessado ingressar, novamente, com a ação mandamental. A interpretação que cabe é a sistemática. Desse modo, a renovação do pedido de mandado de segurança – nos casos em que se dá fim ao processo sem prospecção do mérto – é possível em decorrência da regra contida no art. 486 do CPC, com a ressalva ali consignada.

Nossa conclusão, portanto, em face do art. 19 da Lei n. 12.016/2009, conjugado com o art. 486 do CPC, é esta: a) se a decisão houver acolhido os pedidos do impetrante (portanto, terá julgado o mérito), este poderá postular, por ação própria, os efeitos patrimoniais relativos ao período anterior à impetração do *mandamus*, como prevê a Súmula n. 271 do STF ("Concessão de mandado de segurança não produz efeitos patrimoniais em relação ao período pretérito, os quais devem ser reclamados administrativamente ou pela via judicial própria"), e o § 4.º do art. 14 da Lei n. 12.016/2009 ("O pagamento de vencimentos e vantagens pecuniárias assegurados em sentença concessiva de mandado de segurança a servidor público da administação direta ou autárquica federal, estadual e municipal somente será efetuado relativamente às prestações que se vencerem a contar da data do ajuizamento da inicial"); b) se a decisão não apreciou o mérito (e extinguiu o processo), o interessado poderá: b.1) ajuizar, novamente, a ação mandamental; ou b.2) postular os seus direitos mediante ação própria (sem fazer uso, pois, da ação mandamental).

5. A impetração nos casos de urgência

Há situações em que o mandado de segurança precisa ser impetrado com extrema urgência – seja para evitar a violação de direito líquido e certo, seja para reparar a lesão perpetrada a esse direito.

Seria injustificável que, em situações dramáticas como essas, a parte devesse elaborar petição inicial e protocolá-la no juízo competente, pois isso poderia consumir algum tempo, durante o qual a lesão se consumaria ou as consequências da violação se tornariam irreversíveis.

Sensível a isso, o legislador permite que o *mandamus* seja impetrado por telegrama, radiograma, fac-símile ou outro meio eletrônico, desde que de autenticidade comprovada (Lei n. 12.016/2009, art. 4.º, *caput*). Essa possibilidade já estava prevista da Lei n. 1.533/1951 (art. 4.º).

Considerando, ainda, as situações de urgência, a norma legal autoriza o juiz a notificar a autoridade apontada como coatora por telegrama, radiograma ou outro meio que assegure a autenticidade do documento e a imediata ciência da autoridade (art. 13, parágrafo único).

No caso de documento eletrônico, deverão ser observadas as regras da Infra-estrutura de Chaves Públicas Brasileiras – ICP Brasil (Lei n. 12.016/2009, art. 4.º, § 3.º).

Ao impetrante caberá apresentar o original da petição nos cinco dias úteis subsequentes à impetração do *writ* (Lei n. 12.016/2009, art. 4.º, § 2.º). O art. 2.º da Lei n. 9.800, de 26 de maio de 1999, que permite a utilização, pelas partes, de sistema de transmissão de dados para a prática de atos processuais, determina que os originais deverão ser entregues em juízo "até 5 (cinco) dias da data de seu término". Conquanto ambas as normas legais refereidas tenham em comum o prazo de cinco dias para a apresentação dos originais, o critério por elas adotado para a contagem desse prazo é diverso, pois somente o § 2.º do art. 4.º da Lei n. 12.016/2009 faz alusão a cinco dias úteis.

6. O despacho

Ao despachar a petição inicial, o juiz:

a) sendo o caso, ordenará, por ofício, preliminarmente, a exibição, no original ou em cópia autêntica, de documento que se encontre em repartição ou estabelecimento público ou em poder de autoridade que se recuse a fornecê-lo por certidão, ou de terceiro, sempre que o documento for indispensável à comprovação do alegado pelo impetrante, cuja determinação deverá ser cumprida em dez dias (Lei n. 12.016/2009, art. 6.º, § 1.º). Se a autoridade que tiver procedido dessa forma for a própria coatora, a ordem será feita no mesmo instrumento de intimação destinado à prestação das informações (art. 6.º, § 2.º). Nesse caso, em rigor, a prova documental não será pré-constituída;b) determinará que se notifique a autoridade apontada como coatora, entregando-lhe a segunda via apresentada pelo impetrante, acompanhada das cópias dos documentos, para que, no prazo de dez dias, preste as informações que julgar necessárias (Lei n. 12.016/2009, art. 7.º, I).

Quais as consequências para a autoridade que deixa de apresentar as informações no prazo legal? Tudo dependerá de quem seja essa autoridade. Se for da administração, estará cometendo o crime de desobediência, previsto no art. 330 do CP, e na legislação avulsa. Conquanto essa autoridade não seja formalmente parte, ela tem relação (institucional) com o processo, motivo por que está sujeita aos deveres impostos pelos arts. 77 e 78 do CPC. Tratando-se de magistrado, contudo, a sanção será de natureza disciplinar-administrativa. Isso é certo: não se pode permitir que a autoridade apontada como coatora, seja ela qual for, desobedeça à determinação judicial sem sofrer qualquer sanção.

O inciso I do art. 7.º da Lei n. 1.533/1951 dizia que a autoridade indicada como coatora deveria apresentar, no prazo ali fixado, as informações que *achasse necessárias*. A expressão posta em destaque revelava que incumbia a essa autoridade decidir quais as informações seriam necessárias e quais não seriam. Havia, pois, um forte subjetivismo nessa escolha. O correspectivo inciso I do art. 7.º da Lei n. 12.016/2009 alude, apenas, às *informações*, sem adjetivá-las. Isso significa, para nós, que a autoridade deverá fornecer *todas* as informações pertinentes ao ato praticado e impugnado pelo *mandamus*, retirando-se-lhe, assim, a antiga faculdade de exercer um juízo de valor acerca das informações a serem prestadas ao magistrado.

A notificação, tanto para comunicar o início do processo (com ou sem ordem para proceder à exibição de documento imprescindível à prova das alegações feitas pelo impetrante) quanto para determinar a abstenção da prática de ato ou a realização de algum ato, é sempre feita por ofício, a ser entregue à autoridade dita coatora (ou à que se encontre na posse de documento pretendido pelo autor) pelo oficial de justiça.

A despeito de a relação jurídica processual, na ação de segurança, estabelecer-se entre o autor (impetrante) e autoridade coatora, a notificação desta é indispensável para atender-se ao princípio da bilateralidade, que informa o processo em geral. Sob certo aspecto, essa notificação encontra a sua necessidade também no princípio da ampla defesa, pois é conveniente lembrar que a referida autoridade tem interesse jurídico em realizar a defesa do ato praticado – que se apresenta aos olhos do impetrante como ilegal ou abusivo de poder.

Está na tradição de todas as normas processuais que dispuseram sobre a ação de segurança permitir à autoridade coatora ser ouvida acerca dos fatos alegados pelo impetrante.

Por outro lado, as informações da autoridade coatora (que, para fornecê-las, terá que ser ouvida e, para ser ouvida, deverá ser notificada) irão fazer parte do cabedal jurídico a ser manipulado pelo juízo monocrático ou pelo relator e pelo tribunal, conforme seja a competência de um e de outro, com vistas à formação do seu convencimento acerca da existência, ou não, de um direito líquido e certo do impetrante e de sua violação (ou ameaça), ou não, por ato ilegal ou abusivo de poder praticado pela autoridade pública.

Sobre essas informações voltaremos a discorrer no capítulo subsequente;

c) mandará dar ciência do feito ao órgão de representação judicial da pessoa jurídica interessada, remetendo-lhe cópia da inicial, sem documentos, para que, desejando, ingresse no processo (Lei n. 12.016/2009, art. 7.º, II). Esse ingresso, conforme já dissemos, dar-se-á a título de assistente litisconsorcial, e não de litisconsorte necessário, pois a norma legal mencionada alude à *ciência* do órgão e não à sua *citação*. A imaginarmos que o caso seria de citação, estaríamos retornando ao sistema da Lei n. 191/1936 e do CPC de 1939. Não nos parece aconselhável essa involução e nem que teria sido esta a intenção do legislador da atualidade.

Efetuadas as intimações (notificações), o serventuário em cujo cartório tramite o processo juntará aos autos cópia autêntica dos ofícios endereçados à autoridade coatora e ao órgão de representação juidicial da pessoa jurídica interessada, assim como a comprovação da entrega a estes ou da sua recusa em aceitá-los ou dar recibo e, no caso do art. 4.º, a comprovação da remessa (Lei n. 12.016/2009, art. 11).

As autoridades administrativas, no prazo de 48 horas da notificação da medida liminar, deverão remeter ao Ministério ou órgão a que se acham subordinadas e ao Advogado-Geral da União ou a quem detiver a representação judicial da União, do Estado, do Município ou da entidade apontada como coatora cópia autenticada do mandado notificatório, bem como indicações e outros elementos necessários às providências a serem adotadas para a eventual suspensão da medida e defesa do ato apontado como ilegal ou abusivo de poder.

É importante observar que, outrora, se atribuía ao juiz da causa a incumbência de mandar notificar as autoridades administrativas ("serão intimados pessoalmente pelo juiz", dizia o art. 3.º da Lei n. 4.348/1964), para que indicassem os elementos necessários à defesa da pessoa jurídica a que se encontrava vinculada a autoridade apontada como coatora. Agora, a incumbência é atribuída a esta autoridade.

Levantamos dúvida, entretanto, quanto à exigência de que a cópia do mandado notificatório, a que se refere o art. 8.º da Lei n. 12.016/2009, seja *autenticada*. Ocorre que, por força do art. 24 da Lei n. 10.522, de 19 de julho de 2002, "As pessoas jurídicas de direito público são dispensadas de autenticar as cópias reprográficas de quaisquer documentos que apresentem em juízo";

d) ordenará a suspensão do ato que deu origem ao pedido, desde que relevante o fundamento e do ato impugnado possa de correr a ineficácia da medida, caso seja deferida (Lei n. 12.016/2009, art. 7.º,, III).

O pressuposto legal para a concessão da liminar é que o pedido possua *fundamento relevante* e que do ato impugnado possa resultar a *ineficácia da medida*, se concedida, apenas, no final da causa. Os efeitos da liminar subsistirão até o fnal do processo, exceto se vier a ser revogada ou cassada (Lei n. 12.016/2009, art. 7.º, § 3.º). A Lei n. 4.348/1964, revogada, fixava em noventa dias a eficácia da liminar, embora autorizasse a prorrogação por igual período de tempo, desde que, comprovadamente, houvesse "acúmulo de processos pendentes de julgamento", capaz de justificar a dilatação (art. 1.º, *b*).

Parece-nos que o inciso III do art. 7.º da Lei n. 12.016/2009 comete uma falha de natureza sistemática ao aludir, apenas, à *suspensão* (liminar) do ato. Sabemos que o mandado de segurança – atendidos os requisitos legais – pode ser impetrado, também, contra *omissão* da autoridade. Nesse caso, não fará sentido a *suspensão* do ato que não foi praticado. Como deverá agir o magistrado nessa hipótese? Entendemos que suspendendo o *efeito negativo da ausência do ato*. Como bem argumentou a Ministra Cármen Lúcia Antunes Rocha, do SFT: "O Poder Judiciário não antecipa o efeito de um ato que inexiste por inação da autoridade competente, mas suspende o efeito negativo do desprovimento, agindo, por decisão atípica e precária, no sentido de estabelecer o movimento ausente, operando-se suspensão da situação de ameaça ou lesão indigitada como constritora de direito do impetrante".(2)

Faculta a lei, ainda, que o juiz exija do impetrante caução, fiança ou depósito, com o objetivo de assegurar o ressarcimento à pessoa jurídica (Lei n. 12.016/2009, art. 7.º, III). Temos para conosco que a regra constante da parte final do inciso III do art. 7.º da Lei n. 12.016/2009 possui traços de inconstitucionalidade. Assim afirmamos porque o mandado de segurança é objeto de uma *ação judicial* – e o direito de ação está constitucionalmente assegurado, como patenteia o art. 5.º, XXXV, da Suprema Carta Política de nosso país. Nem se objete que, no caso, não estaria a ocorrer restrição ao exercício do direito de ação, porque a norma infraconstitucional estaria, apenas, facultando ao juiz exigir caução, fiança ou depósito como condição para determinar a suspensão do ato impugnado. Ora, quando o

---

(2) A liminar no mandado de segurança. In: Sálvio de Figueiredo Teixeira (coord.). *Mandado de segurança e de injunção*. São Paulo: Saraiva, 1990, p. 207.

constituinte brasileiro assegurou o exercício da ação, não estava, por certo, pretendendo que essa garantia se exaurisse com o protocolo da petição em juízo, como a ação não deflagrasse um processo que se desenvolverá segundo fases legalmente preestabelecidas. Desse modo, impor-se ao impetrante um ônus pecuniário para ver suspenso o ato contra o qual se insurge equivale, sem dúvida, a criar enormes embaraços ao pleno exercício do direito constitucional de ação. Nem se ignore o fato de a ação de mandado de segurança pressupor a existência de direito líquido e certo, que deverá ser comprovado documentalmente. Não se cuida, pois, de uma ação comum, em que nem sempre haverá prova pré-constituída, pois a instrução será realizada posteriormente ao ingresso em juízo.

Cumpre-nos observar que a revogada Lei n. 1.533/1951 não continha a previsão dessa faculdade judicial; trata-se, portanto, de pernóstica inovação da Lei n. 12.016/2009.

Um retoque de ordem técnica: conquanto o *caput* do art. 7.º da Lei n. 12.016/2009 faça referência a *despacho*, o ato judicial em questão é híbrido, pois contém, a um só tempo, despacho e decisão. Os incisos I e II do mencionado dispositivo constituem, realmente, despacho, entendidos estes como atos de impulsão do processo; o que está no inciso III, no entanto, é autêntica *decisão*, pois aqui o juiz estará determinando a suspensão do ato impugnado. A propósito, o § 1.º desse dispositivo legal afirma que (no sistema do processo civil) caberá agravo de instrumento da *decisão* que conceder ou denegar a liminar.

Esse equívoco na formulação de conceitos tem sido algo frequente por parte do legislador brasileiro; cite-se, à guisa de corolário, a letra *b* do art. 897 da CLT, que prevê a interposição de agravo de instrumento dos "despachos" denegatórios da admissbilidade de recurso. O ato judicial monocrático, nesse caso, traduz inequívoca *decisão*. Tanto isso é certo, que a própria CLT permite a sua impugnação mediante agravo de instrumento, sabendo-se que, por princípio legal, os despachos não são recorríveis (CPC, art. 504). Aliás, uma antiga parêmia romana já advertia: *Omnis definitio in iure civile periculosa est* ("Toda definição em direito civil é perigosa").

O art. 7.º, § 4.º, da Lei n. 12.016/2009 estabelece que, deferida a liminar, o processo terá prioridade para julgamento. A redação desse dispositivo legal pode conduzir ao equívoco de que, não sendo deferida a liminar, o processo de mandado de segurança não terá prioridade para julgamento. Ora, o próprio art. 20 da precitada Lei declara que *"Os processos de mandado de segurança e os respectivos recursos terão prioridade sobre todos os atos judiciais, salvo habeas corpus"* (destacamos). A única possibilidade de encontrar-se um sentido lógico para a regra contida no § 4.º do art. 7.º da Lei n. 12.016/2009 é que a concessão da liminar fará com que o respectivo processo de mandado de segurança tenha prioridade sobre os demais processos dessa mesma natureza, nos quais não se concedeu a medida *in limine*.

CAPÍTULO XV

A IMPETRAÇÃO POR OUTROS MEIOS

1. Comentário

Vimos, no capítulo anterior, que o mandado de segurança, em princípio, deve ser impetrado por meio de petição inicial, grafada, com observância das exigências legais (Lei n. 12.016/2009, art. 6.º).

Nos casos de urgência, entretanto, a Lei permite que o *writ* seja impetrado por outros meios, por exemplo, telegrama, radiograma, fac-símile ou outro meio eletrônico de autenticidade comprovada (Lei n. 12.016/2009, art. 4.º, *caput*). A Lei n. 1.533/1951 fazia menção, somente, a telegrama ou radiograma. O fac-símile e o meio eletrônico constituem, pois, inovação da Lei n. 12.016/2009. Este acréscimo foi elogiável, pois o legislador não deve ficar à margem dos avanços tecnológicos.

A utilização do fac-símile, nesse caso, não constitui novidade em nosso sistema normativo, porquanto já estava autorizada pela Lei n. 9.800, de 26 de maio de 1999, que dispôs sobre o uso desse meio "para a prática de atos processuais que dependam de petição escrita" (art. 1.º). A esse respeito é oportuno observar que:

a) o uso do sistema de transmissão de dados e imagens não prejudica o cumprimento dos prazos, devendo os originais ser entregues em juízo, impreterivelmente, até cinco dias após o seu término (Lei n. 9.800/1999, art. 2.º). No caso específico da Lei n. 12.016/2009, o prazo será de "cinco dias úteis" (art. 4.º, § 2.º);

b) nos atos não sujeitos a prazo, os originais deverão ser entregues até cinco dias da data do recebimento do material (art. 2.º, parágrafo único);

c) quem fizer uso do sistema de transmissão de dados fica responsável pela qualidade e fidelidade do material transmitido, e por sua entrega ao juízo competente (art. 2.º, § 4.º);

d) se não houver perfeita concordância entre o original encaminhado mediante fac-símile e o original entregue em juízo, o usuário do sistema será considerado litigante de má-fé, sem prejuízo da aplicação de outras penalidades previstas em lei (art. 4º, parágrafo único).

Todavia, a possibilidade de o mandado de segurança ser impetrado por meio eletrônico constitui novidade trazida pela Lei n. 12.016/2009. A autenticidade desse meio deverá ser comprovada. Não se confunde, entretanto, o *processo eletrônico* regulado pela Lei n. 11.419, de 16 de dezembro de 2007, com o simples *peticionamento eletrônico*. Este pode existir sem aquele.

Reiteremos: para os efeitos do art. 4.º da Lei n. 12.016/2009, os documentos eletrônicos deverão observar as regras da Infra-estrutura de Chaves Públicas Brasileiras – ICP-Brasil (art. 4º, § 3.º). O ICP-Brasil constitui um conjunto de técnicas, práticas e procedimentos a serem implementados pelas entidades públicas e privadas com a finalidade de estabelecer os fundamentos técnicos e metodológicos de um sistema de certificação digital fundado em chave pública. O certificado digital gera para o usuário do sistema um cadastro contendo os seus dados pessoais, que ficam vinculados à assinatura da Autoridade Certificadora, dando origem a uma chave pública. Os dados pessoais do usuário ficarão disponíveis na *internet*, de tal maneira que ele será identificado para garantia de suas transações nessa rede, que serão criptografadas. O vocábulo *criptografia* é oriundo do grego *kryptos* (esconder), mais *graphein* (escrever), significando, portanto, uma escrita oculta. O sistema criptográfico utilizado é assimétrico, pois faz uso de uma chave (código) privada do usuário e de outra, pública. A decodificação ou "decriptografia" somente poderá ser realizada pelo próprio destinatário, mediante o emprego de sua chave privada, cujo código é inserido na mensagem pelo remetente. Certificada a consonância da chave privada do destinatário com a chave pública da operação, vinculada ao remetente, a mensagem é liberada ao destinatário.

Assim, para efeito de impetração do mandado de segurança, no caso do art. 4.º da Lei n. 12.016/2009, o interessado deverá realizar, previamente, o seu cadastro e obter o certificado digital de uma Autoridade Certificadora; além disso, deverá verificar se o destinatário possui uma chave privada para decodificar a mensagem.

Temos receio, apenas, de que a exigência formulada pelo § 3.º do art. 4.º da Lei n. 12.016/2009 possa, na prádica, produzir resultados opostos ao pretendido pelo legislador. Assim pensamos porque, em se tratando de impetração *urgente* de mandado de segurança, a prévia confecção de cadastro pessoal e a obtenção de certificação judicial, por parte do impetrante, podem consumir um tempo superior ao que geralmente é consumido com a impetração do *writ* por telegrama, radiograma ou fac-símile. O tempo dirá se estamos certos ou errados em nossa apreensão.

Dispõe o art. 196 do CPC:

> Compete ao Conselho Nacional de Justiça e, supletivamente, aos tribunais, regulamentar a prática e a comunicação oficial de atos processuais por meio eletrônico e velar pela compatibilidade dos sistemas, disciplinando a incorporação progressiva de novos avanços tecnológicos e editando, para esse fim, os atos que forem necessários, respeitadas as normas fundamentais deste Código.

CAPÍTULO XVI

A LIMINAR

1. Natureza jurídica

A busca de uma definição quanto à natureza jurídica da liminar concedida em ação de segurança tem provocado intensa polêmica doutrinal. Consideram-na cautelar, entre outros, Alcides de Mendonça Lima,[3] Othon Sidou,[4] Celso Agrícola Barbi,[5] Alfredo Buzaid[6] e Milton Flaks.[7]Diz Celso Agrícola Barbi:

> Ordenando a suspensão, terá o juiz antecipado, em caráter "provisório", a providência que caberia à sentença final, e isso para "evitar o dano" que decorreria da natural demora na instrução do processo. Ora, toda medida provisória, que tenha por fim evitar danos possíveis com a demora natural do processo, tem a substância de medida cautelar (...). Afigura-se-nos, portanto, incontestável que a suspensão liminar no processo de mandado de segurança seja uma providência ou "medida cautelar". A circunstância de não ser objeto de um processo especial para sua discussão, como é comum nas ações dessa natureza – a ponto de Chiovenda colocar a ação cautelar ao lado da ação de cognição e da ação de execução, numa tríplice classificação das ações –, não influi na natureza da decisão que julga o pedido de suspensão liminar, porquanto, como nota com acuidade Carnelutti, existe aí antes uma "fase cautelar do processo", do que um processo cautelar.[8]

---

(3) Efeitos do agravo de petição no despacho concessivo de medida liminar em mandado de segurança. *RF*, 178:465.

(4) Obra cit., p. 215.

(5) Obra cit., p. 215.

(6) Obra cit., p. 216-217.

(7) Mandado de segurança: ineficácia da liminar pelo decurso do prazo. *ABDP*, 16:160.

(8) Obra cit., p. 202-203.

A natureza acautelatória dessa liminar, entretanto, não é reconhecida por Humberto Theodoro Júnior,[9] Lopes da Costa,[10] Hamílton de Moraes e Barros[11] e Pestana de Aguiar Silva.[12]

Argumenta, por todos, Hamílton de Moraes e Barros:

> [a liminar] é a entrega provisória e antecipada do pedido; já é a decisão satisfativa do direito, embora precária. Conjura os perigos da demora, porém se assenta na mesma fundamentação que irá embasar a sentença definitiva. Não é possível a liminar concedida a quem evidentemente não tenha o direito de base.[13]*Venia permissa*, a liminar deferida em ação de segurança não implica, como supõe o eminente jurista mencionado, entrega antecipada da prestação jurisdicional de fundo. O que na verdade se assegura, com a outorga dessa liminar, não é a satisfação das pretensões deduzidas em juízo (= direito material) e, sim, a própria prestação jurisdicional. Nesse sentido, não se pode deixar de reconhecer o caráter cautelar dessa providência, ainda que emitida sem que haja um processo cautelar.

Ainda que essa liminar traduzisse, efetivamente, uma antecipação da tutela jurisdicional de mérito – o que se admite apenas para argumentar –, isso não significaria negar-lhe o traço cautelar a que referimos, pois é necessário lembrar que há determinadas providências acauteladoras, concedidas *in limine*, que representam uma espécie de antecipação dos efeitos da sentença de fundo. Basta citar o exemplo da liminar que é concedida nas ações de alimentos (Lei n. 5.478, de 25 de julho de 1968, art. 4.º, *caput*) e que, nem por isso, deixa de possuir natureza cautelar. Essa fixação de alimentos *provisórios* representa o exercício de uma tutela cautelar antecipatória, sem que a sua emissão deva ser interpretada como prejulgamento do mérito da ação.

O próprio processo do trabalho conhece medidas cautelares inominadas requeridas com o objetivo de promover a tutela do direito material (reintegração de empregado estável, pagamento de salários retidos etc.); estas, quando concedidas, correspondem a uma antecipação do provimento jurisdicional de mérito (processo de conhecimento), sem que essa nota peculiar lhes subtraia a essência cautelar de que se fazem providas. Mencionem-se, ainda, as liminares a que se referem os incisos IX e X do art. 659 da CLT: possuem natureza cautelar, ainda que concedidas em processo de conhecimento.

---

(9) *Processo cautelar*. 2. ed. São Paulo: LEUD, 1976, p. 67.

(10) *Direito processual civil brasileiro*. vol. 4. 2. ed., Rio de Janeiro: Forense, 1959, p. 431.

(11) Breves observações sobre o processo cautelar e sua disciplina no CPC de 1973. *RF*, 246:202.

(12) Síntese informativa do processo cautelar. *RF*, 247:41.

(13) Obra cit., p. 202.

A liminar deferida em ação de segurança possui, pois, natureza cautelar, ainda que – como afirmamos – não haja aí um processo cautelar. Ela não tende, como pensam alguns estudiosos, à antecipação dos efeitos inerentes à sentença de mérito, ou seja, não visa a satisfazer o 1973" direito subjetivo material do impetrante, e, sim, a assegurar a própria prestação da tutela jurisdicional.

O CPC de 2015 alterou o sistema do CPC de 1973, quanto ao que denominávamos de *tutelas de urgência*, das quais as medidas caurelares inominadas faziam parte. O Código atual passou a aludir às *tutelas provisórias*, que compreendem às *de urgência* e às *da evidência*. As tutelas de urgência encontram-se disciplinadas nos arts. 300 a 310; as da evidência, no art. 312. O poder geral de cautela está previsto nos arts. 300 e 301.

No procedimento das tutelas de urgência, a providência concedida constitui a finalidade desse procedimento, ao passo que na ação de segurança, a liminar não é um fim em si mesma, senão que um instrumento ou meio utilizado para garantir a plena realização do escopo do processo.

A despeito de tratar-se de cautelar, a liminar característica da ação de segurança não se subordina aos princípios gerais estabelecidos pelo CPC. Assim, por exemplo, a nosso ver, não se aplica o art. 300, § 1.º, que exige a prestação de caução real ou fidejussória para a concessão da medida, destinada a "ressarcir os danos que a outra parte possa vir a sofrer" –, conquanto a mencionada norma legal dispense da caução a parte economicamente hipossuficiente, que não a possa prestar.

Não ignoramos o fato de o art. 7.º, III, da Lei n. 12.016/2009 facultar ao juiz exigir do impetrante a prestação de caução, fiança ou depósito, para assegurar o ressarcimento à pessoa jurídica. Conforme dissemos em linhas pretéritas deste livro, essa disposição da Lei n. 12.016/2009 possui fortes traços de inconstitucionalidade, por embaraçar o exercício do direito de ação, previsto na Constituição da República (art. 5.º, XXXV).

Os que sustentam não ter a liminar concedida em ação de mandado de segurança natureza acautelatória, representando, isto sim, uma antecipação da prestação jurisdicional de fundo, por certo haverão de colocar-se em dificuldade para explicar a possibilidade de o juiz, ao proferir a sentença, negar o mandado de segurança por entender inexistente o direito líquido e certo alegado pelo impetrante. Nessa hipótese, a liminar teria correspondido ao prévio reconhecimento de um direito que a sentença declarou não existir. Como essa liminar tem índole cautelar, o núcleo de sua tutela não é, em rigor, o direito material invocado pelo impetrante, mas a eficácia plena da sentença, ou seja, do resultado do julgamento.

Logo, o juiz, ao conceder liminar, não se pronuncia sobre o mérito da ação, não precipita os efeitos próprios do provimento de mérito, motivo por que, ao lançar a sentença nos autos, não estará obrigado a decidir em consonância com as razões que o levaram a outorgar, *in limine*, a providência. A concessão desta atendeu à necessidade de serem afastados os riscos de lesão do direito subjetivo do impetrante, decorrentes de ato ilegal ou abusivo de poder da autoridade apontada como coatora, ou de reparar a lesão sofrida. A investigação efetiva acerca da existência desse direito, e dos seus atributos de liquidez e certeza, será realizada pela sentença (ou pelo acórdão), sem que haja inevitável influência da liminar na sentença.

Perseverando: a liminar tem como alvo, apenas, a eficácia do ato da autoridade pública; já a sentença (ou o acórdão) se ocupa da existência do próprio ato impugnado. Isso corresponde a afirmar, por outros termos, que a liminar unicamente suspende, de maneira provisória e precária, a eficácia do ato, neutralizando os seus efeitos jurídicos, ao passo que a sentença provoca uma cassação definitiva do ato praticado pela autoridade. É relevante, portanto, essa observação, na medida em que contribui, decisivamente, para delimitar os objetos da liminar e da sentença emitidas nas ações de segurança. Por ela se constata que a liminar não traduz um prejulgamento da ação, uma antecipação da tutela jurisdicional de fundo, mas mera providência destinada a assegurar o resultado útil do processo.

Castro Nunes entende que a suspensão liminar supõe, sempre, ato *comissivo* da autoridade;[(14)] conquanto o vocábulo *comissivo* não se encontre dicionarizado (trata-se, pois, de neologismo jurídico), por ele se procura exprimir a ideia de um ato positivo, concreto, materialmente constatável, enfim, de um agir, de uma faceta da autoridade pública. Dentro dessa mesma linha de conceitos, o ato dito omissivo é o não ato, a ausência do ato que deveria ser praticado: configura, portanto, uma omissão da autoridade.

Como afirmamos há pouco, o ilustre Castro Nunes é de opinião que somente o ato comissivo pode ser destinatário do pedido de suspensão liminar; sendo o caso de ato omissivo, "não há como cogitar de suspensão, porque o objeto do *writ* será então forçar a autoridade a praticar o ato.[(15)]

Não partilhamos esse parecer.

Parece-nos que o festejado jurista teria chegado a tal inferência em virtude de uma interpretação excessivamente literal do art. 7.º, II, da Lei n. 1.533/1951 (em vigor na época), segundo o qual o juiz, ao despachar a inicial, determinaria que se suspendesse o ato que dera motivo ao pedido (inciso II). Ora, se assim efetivamente devesse ser entendido, haveríamos de admitir que muitos direitos

---

(14) Obra cit., pág. 267.
(15) *Idem*.

subjetivos, líquidos e certos, ficariam desapercebidos de proteção jurisdicional, o que corresponderia à possibilidade de serem violados pela omissão da autoridade pública. O inciso III do art. 7.º da Lei n. 12.016/2009 contém regra semelhante.

Se a norma legal permite o ajuizamento da ação de segurança para combater um comportamento omissivo do Poder Público, não há razão lógica, nem jurídica, para alegar-se que o atingimento dessa finalidade somente seria possível por meio da sentença ou do acórdão, importa dizer, pelo provimento jurisdicional de fundo. Assim como no geral, também no particular a liminar consiste numa providência judicial precária (e talvez temporária), baseada em juízo de mera verossimilhança, tendente a impor à autoridade pública um comportamento positivo semelhante ao que deveria adotar para a natural satisfação do direito material subjetivo do impetrante.

Essa liminar não insinua, entretanto, um atendimento ao direito do impetrante, até porque esse direito nem sequer foi ainda reconhecido pelo órgão jurisdicional; dita providência, concedida *in limine*, não precipita a deflagração dos efeitos inerentes a um ato que inexiste (o que seria um manifesto contrassenso), senão que unicamente garante a possibilidade de tal ato vir a ser tutelado pela sentença ou pelo acórdão.

O que se deve ter sempre em conta é o fato de que ao conceder uma liminar destinada a retirar a autoridade pública de sua inércia lesiva, o juiz não está fazendo as vezes dessa autoridade e, sim, impondo a esta uma conduta necessária para atender ao direito subjetivo do solicitante da medida.

Nada impede, ainda, a concessão de liminar em ação de segurança ajuizada em caráter preventivo, por estar o direito líquido e certo do impetrante sendo objeto de ameaça grave e atual, por parte da autoridade pública. Se o escopo da ação, nesse caso, é o de impedir que a autoridade pública consume a sua intenção de lesar o direito do impetrante, seria insensato imaginar que essa finalidade somente pudesse ser alcançada mediante sentença ou acórdão – como se antes da emissão desses pronunciamentos de fundo não pudesse se consumar a violação do direito.

2. Requisitos para a concessão

A ação de segurança, como vimos, tem sede constitucional e sua alcandorada missão reside na tutela de direito subjetivo líquido e certo, lesado ou ameaçado de lesão por ato de autoridade pública ou de agente de pessoa jurídica no exercício de atribuições do Poder Público (CF, art. 5.º, LXIX). Esse direito pode ser de natureza material ou processual, embora, quanto ao último, a incidência do mandado de segurança fique obstada sempre que o ato puder ser impugnado por outros meios, legalmente previstos, como o recurso ou a correição parcial.

A despeito de a ação de segurança ser dotada de um procedimento especial e, acima de tudo, célere – o que é perfeitamente justificável em face de sua destinação –, há situações que reclamam uma tutela *imediata* do direito, sob pena de ineficácia da proteção definitiva, que vier a ser dada pela sentença ou pelo acórdão. Daí a possibilidade da emissão de uma providência liminar, ou seja, ato contínuo ao ajuizamento da ação.

Para Adhemar Ferreira Maciel, o juiz, ao apreciar o requerimento de suspensão liminar do ato, deve ter em mira dois princípios fundamentais, sendo um de ordem geral e outro peculiar do Direito Administrativo, a saber: a) a ausência do contraditório, da dialética processual, é uma anomalia, justificável pelo *periculum in mora*; b) os atos da administração pública, salvo prova em contrário, têm a seu favor a presunção de legitimidade.[16]

Não acreditamos, *data venia*, que esses princípios tenham, no âmbito da ação de segurança, a relevância imaginada pelo destacado jurista. Com vistas à concessão da liminar, deve o juiz verificar, isto sim, se: a) é expressivo, importante, o fundamento do pedido de suspensão *in limine* do ato impugnado; e b) desse ato possa advir a ineficácia da medida, caso deferida pela sentença ou pelo acórdão. É a esses dois requisitos, referidos pelo inciso III do art. 7.º da Lei n. 12.016/2009, que o juiz deverá atender, concedendo, ou não, a liminar, conforme seja a influência que os fatos e os documentos correspondentes tenham exercido na formação de seu convencimento jurídico.

A possibilidade de o juiz conceder, no limiar da ação de segurança, uma providência indispensável à tutela do direito do impetrante já estava prevista na Lei n. 191, de 16 de janeiro de 1936, como demonstra o art. 8.º, § 9.º: "Quando se evidenciar, desde logo, a relevância do fundamento do pedido, e decorrendo do ato impugnado lesão grave irreparável ao direito do impetrante, poderá o juiz, a requerimento do mesmo, mandar, preliminarmente, sobrestar ou suspender o ato aludido".

Como se nota, não havia dois, e, sim, um requisito para a outorga da liminar: a relevância do fundamento do pedido e a lesão grave e irreparável ao direito do autor; melhor dizendo, havia um só requisito, embora integrado por duas situações articuladas entre si.

Mais tarde, o estatuto processual civil de 1939 traz para si a regulação do mandado de segurança (arts. 319 a 331), mantendo, todavia, a mesma exigência (art. 324, § 2.º).

---

(16) Observações sobre a liminar no mandado de segurança. In: Salvio de Figueiredo Teixeira (coord.). *Mandados de segurança e de injunção*: estudos de direito processual constitucional em memória de Ronaldo Cunha Campos. São Paulo: Saraiva, 1990, p. 233.

Posteriormente, a Lei n. 1.533/1951 modifica, em parte, o tratamento da matéria, colocando de lado a locução "lesão grave e irreparável", constante dos textos precedentes. Pelo sistema da aludida norma legal, a suspensão liminar do ato impugnado estava subordinada ao acatamento de duas exigências ou requisitos: a) a relevância do fundamento do pedido e b) a possibilidade de o ato acarretar a ineficácia da medida, na hipótese de ser outorgada no final (art. 7.º, I). Atualmente, o assunto é regido pelo inciso III do art. 7.º da Lei n. 12.016/2009, que manteve os mencionados requisitos.

Passemos ao exame desses requisitos.

2.1. Relevância do fundamento

Cabe ao juiz verificar, em cada caso concreto, se o fundamento do pedido formulado pelo impetrante é relevante, ou não. Não se pode negar, portanto, que há, quase sempre, nessa avaliação, uma considerável carga de subjetividade, ainda que os elementos de que se valha o juiz para formar a sua convicção sejam objetivamente constatáveis. O que a um juiz possa parecer um fundamento relevante, para outro talvez não o seja. E que, como dissemos, a relevância não se encontra ínsita no pedido, sendo produto, na verdade, de uma sensação judicial – e nisso vai muito de idiossincrasia.

Pode-se mesmo reconhecer uma certa discricionariedade no juiz, em situações como tais, motivo por que poderá conceder a liminar, ou recusar a sua outorga. Daí, aliás, a razão de havermos dito, na letra anterior, que a liminar deferida em ação de segurança apresenta fortes traços de providência cautelar, não se podendo tomá-los, por isso, como uma antecipação dos efeitos da sentença de fundo.

A relevância do fundamento do pedido, todavia, segundo entendemos, decorre não da eventual excelência do direito que se procura proteger e, sim, das consequências oriundas da lesão causada ao direito pelo ato da autoridade, ou das consequências que advirão na hipótese de a ameaça de violação consumar-se.

Atendendo a esses elementos objetivos, estará o juiz autorizado a exercitar o seu poder discricionário, deferindo, ou não, a liminar.

Alguns autores se preocuparam em advertir que o magistrado não deveria ser magnânimo na emissão de liminares em ação de segurança.(17) Essa preocupação, entretanto, é inteiramente infundada, pois a maior ou menor intensidade na concessão dessas medidas não pode ser avaliada sob o ponto de vista meramente estatístico; o que justifica o deferimento de plano da providência é

---

(17) MEIRELLES, Hely Lopes. *Mandado de segurança e ação popular*. 3ª ed. São Paulo: Revista dos Tribunais, 1975, p. 40.

a necessidade de imediata proteção do direito, seja para evitar o dano, seja para repará-lo. A liminar deverá ser concedida tantas quantas forem as vezes em que estiverem presentes os dois requisitos previstos no art. 7.º, III, da Lei n. 12.016/2009, que estamos a examinar.

2.2. Ineficácia da medida

Para a dação da liminar não basta ser relevante o fundamento do pedido efetuado pelo impetrante: requer-se, ainda, que do ato impugnado possa derivar a ineficácia da segurança, caso venha a ser deferida pela sentença ou pelo relator.

Nesse ponto, a dicção do art. 7.º, III, da Lei n. 12.016/2009 se coloca muito rente à do art. 804 do CPC de 1973, que autorizava a emissão de medida cautelar, sem audiência do réu, quando o juiz verificasse que este, sendo citado, poderia "torná-la ineficaz".

Estando a ação de segurança incluída no elenco dos direitos individuais e coletivos, constitucionalmente assegurados (art. 5.º, LXIX), é óbvio que eventual ineficácia do mandado de segurança concedido acarretaria afronta a essa garantia dada pela Constituição e às próprias razões políticas que levaram o constituinte a instituí-la. Extrai-se daí o motivo jurídico pelo qual a lei admite a possibilidade de outorga da liminar toda vez que do ato impugnado puder decorrer a ineficácia da segurança a ser definitivamente dada pelo pronunciamento final do juízo perante o qual foi impetrada.

Sob esse aspecto, é possível asseverar-se que a liminar se destina, em sentido estrito, a promover a tutela do direito líquido e certo do solicitante da medida, e, em sentido amplo, a preservar a própria supremacia da vontade constitucional.

Estabelece o art. 9.º da Lei n. 12.016/2009 que as autoridades administrativas, no prazo de 48 horas da notificação da medida liminar, remeterão ao Ministério ou órgão a que se acham subordinadas e ao Advogado-Geral da União ou a quem competir a representação judicial da União, do Estado, do Município ou da entidade apontada como coatora cópia autenticada do mandado notificatório, assim como indicações e outros elementos necessários às providências a serem adotadas para a eventual suspensão da medida e defesa do ato apontado como ilegal ou abusivo de poder.

3. Concessão *ex officio*

Sendo relevante o fundamento do pedido e estando evidente que o ato impugnado poderia implicar a ineficácia da segurança, caso viesse a ser concedida pela sentença ou pelo relator, seria lícito ao juiz emitir *ex officio* a liminar, vale dizer, sem que tenha sido requerida pelo impetrante?

Alfredo Buzaid responde negativamente, argumentando que "A liminar é uma medida acautelatória e corresponde à função preventiva do processo. Ela pressupõe requerimento do impetrante, que fica inserido na petição inicial; por isso não pode ser concedida de ofício pelo juiz nem ao despachar a petição inicial, nem no curso do processo do mandado de segurança".[18]

Não concordamos com a opinião do insigne jurista. A sua atitude, nimiamente dogmática, submissa à "tradição do sistema legal brasileiro", por ele invocada, não se coaduna com a necessidade de imediata proteção do direito líquido e certo do impetrante e de salvaguarda da vontade constitucional; nem mesmo se harmoniza com a literalidade do art. 7.º, III, da Lei n. 12.016/2009, de acordo com a qual o juiz, ao despachar a inicial, *ordenará* que se suspenda o ato que deu origem ao pedido.

Ao lançarmos essas considerações, com base na lei ordinária que regula a ação de segurança, não estamos, como se possa imaginar, perfilhando o entendimento de Venero Caetano da Fonseca, para quem a precitada norma legal espelha um *dever* de o juiz conceder a liminar, sempre que configurada a relevância do fundamento do pedido e a possibilidade de o ato impugnado provocar a ineficácia da medida que vier a ser outorgada. Nada disso. O que nos parece claro é que a lei permite ao juiz emitir a liminar independentemente de requerimento do autor, contanto que presentes os mencionados pressupostos; isso não significa, todavia, que o juiz estará obrigado a concedê-la em todos os casos, como se a sua discricionariedade não existisse ou ficasse suplantada por um dever inexorável de expedir a liminar.

É lógico que não haveria o magistrado de reconhecer a presença de tais requisitos, para, em seguida, negar a liminar, pois isso caracterizaria uma incoerência censurável; assim, o que estamos a afirmar é que ele pode agir discricionariamente quanto à formação do seu convencimento jurídico no que toca à existência ou inexistência desses requisitos, motivo por que nem sempre estará legalmente compelido a tutelar, *in limine*, o direito do impetrante.

Dizemos mais: a) o juiz poderá expedir a liminar (de ofício ou a instância da parte) no curso da ação de segurança e mesmo que a tenha negado quando despachou a inicial. Para isso, é bastante que os requisitos de relevância dos fundamentos do pedido e de possibilidade de o ato tornar ineficaz a medida, antes inexistentes, passem a existir; b) lícito será também ao juiz, por sua iniciativa, cassar a liminar se ocorrer o inverso: os sobreditos requisitos, antes presentes,

---

(18) *Revista Brasileira de Direito Processual,* 13:151.

deixarem de existir. Percebe-se, pois, que em ambas as situações se estabelece uma forte relação de causa e efeito entre aqueles requisitos (causa) e a liminar (efeito), de tal sorte que ao juiz não é dado manter-se indiferente às modificações que vierem a acontecer nessa relação.

4. Restrições à concessão

Existem determinadas disposições legais restritivas da outorga de liminar em ação de segurança. De certa maneira, duas dessas restrições estão no art. 7.º, III, da Lei n. 12.016/2009, pois se o fundamento do pedido feito pelo autor *não for relevante* ou o ato impugnado *não acarretar a ineficácia da medida* a ser concedida por sentença ou acórdão, o juiz estará impedido de emitir a liminar. O mesmo se afirme quando a liminar tiver por objeto a compensação de créditos tributários, a entrega de mercadorias provenientes de outro país, a reclassificação ou equiparação de servidores e a concessão de aumento ou a extensão de vantagens ou pagamento de qualquer natureza (Lei n. 12.016/2009, art. 7.º, § 2.º).

Uma das primeiras leis que foram especificamente editadas para coarctar a emissão de liminares foi a de n. 2.410, de 29 de janeiro de 1955, cujo art. 3.º estabelecia essa proibição sempre que a providência tivesse como finalidade o desembaraço de bens de qualquer natureza, vindos, a que título fosse, de outro país, sem licença prévia ou com licença considerada falsa.

No ano seguinte, a Lei n. 2.770, de 4 de maio, dispunha: "*Nas ações e procedimentos judiciais de qualquer natureza, que visem a obter a liberação de mercadorias, bens ou coisas de qualquer espécie, procedentes do estrangeiro, não se concederá, em caso algum, medida preventiva ou liminar que, direta ou indiretamente, importe na entrega de mercadoria, bem ou coisa*" (art. 1.º) (destacamos).

Embora o assunto não desperte muito interesse no plano do processo do trabalho, do ponto de vista histórico é proveitoso observar que as duas normas legais referidas foram elaboradas para combater um certo abuso, praticado na época, consistente na impetração de mandado de segurança "coletivo" (na verdade, mediante regime litisconsorcial) com o objetivo de obter a liberação de bens (geralmente automóveis), importados sem atendimento às exigências fiscais e cambiais. Concedida a liminar, os bens eram retirados da alfândega e, em muitos casos, vendidos, impossibilitando, com isso, a restituição da coisa ao *status quo ante* quando o órgão jurisdicional proferia a sentença negatória da segurança.

A Lei n. 4.348, de 26 de junho de 1964, editada na vigência de um período politicamente autoritário, proibiu a outorga de liminar, em ação de segurança, destinada a obter reclassificação ou equiparação de servidores públicos ou aumento ou extensão de vantagens funcionais (art. 5.º), esclarecendo o parágrafo único desse artigo que os mandados de segurança, concedidos para tal fim, somente seriam executados depois de transitada em julgado a respectiva sentença. Complementando o sistema de rigidez imposto aos juízes, o art. 7.º dessa norma declarava que o recurso voluntário ou *ex officio* (*sic*), interposto da decisão concessiva de mandado de segurança que importasse concessão ou acréscimo de vencimento ou reclassificação funcional, teria efeito suspensivo.

Ulteriormente, a regra inscrita no art. 5.º da Lei n. 4.348/1964 foi aplicada às medidas cautelares, *ex vi* da Lei n. 7.969, de 22 de dezembro de 1989.

Com os olhos postos na secular experiência mexicana, Celso Agrícola Barbi opina que melhor teria sido que o nosso legislador, em vez de tornar defesa a expedição de liminar visando à reclassificação ou equiparação de servidores públicos ou aumento ou extensão de vantagens etc., impusesse a prestação de caução idônea como requisito para tornar possível a execução da liminar. Assim, não haveria obstáculo ao deferimento da liminar, conquanto a sua execução ficasse condicionada à caução, real ou fidejussória, a ser prestada pelo impetrante, toda vez que essa execução pudesse causar prejuízo ao Poder Público. Sugeriu, então, o eminente jurista, a aplicação do disposto no art. 804 do CPC de 1973 para solucionar o problema.[19]

Pareceu-nos razoável que, *de lege ferenda,* se eliminasse o veto à outorga de liminar, nos casos mencionados pelo art. 5.º da revogada Lei n. 4.348/1964, que poderia, assim, ser dada sem maiores restrições, conquanto somente pudesse ser executada mediante prestação prévia de caução idônea. *De lege lata,* entretanto, não víamos como pudesse o juiz aplicar à ação de segurança a norma do art. 804 do CPC de 1973, pertinente às cautelares, porquanto a citada lei, como dissemos, proibia a concessão de *liminar* requerida por servidor público para os fins já citados. A Lei n. 5.021, de 9 de junho de 1966, também revogada, reiterava essa vedação no art 1.º, § 4.º: "Não se concederá medida liminar para efeito de pagamento de vencimento e vantagens pecuniárias". Nos dias atuais, essa proibição está expressa no § 2.º do art. 7.º da Lei n. 12.016/2009.

Dispõe, ainda, o § 5.º do art. 7.º da Lei n. 12.016/2009 que as vedações pertinentes à concessão de liminares, previstas no § 2.º do mesmo preceptivo legal, são extensivas à antecipação dos efeitos da tutela a que se referem os arts. 273 e 461 do CPC. A mencionada Lei se refere ao CPC de 1973. A remissão, agora, deve ser entendida em relação ao art. 311 e seguintes do CPC de 2015.

A nosso ver, a regra do § 2.º do art. 7.º é inconstitucional, por transgredir as garantias consubstanciadas nos incisos XXXV e LXIX do art. 5.º da Suprema Carta Política. Em nenhum momento, o constituinte brasileiro criou restrições

---

(19) Obra cit., p. 206-207.

à concessão da segurança; apenas delimitou o campo de atuação da ação mandamental, para separá-lo das áreas próprias do *habeas corpus* e do *habeas data*. Dir-se-á, talvez, que o inciso LXIX do art. 5.º da Constituição não estaria a ser contravindo pela mencionada norma infraconstitucional, porque a segurança poderia ser conseguida no final do processo. Ocorre que este inciso deve ser analisado em conjunto com o inciso XXXV do mesmo artigo, por força do qual nem mesmo a lei pode excluir da apreciação do Poder Judiciário a *ameaça* de lesão a direto. Em tema processual, quando se fala em ameaça, fala-se em tutelas de urgência, para debelá-la; e quando se fala em tutelas de urgência, é absolutamente inevitável a possibilidade de afastamento imediato do risco, que se dá por meio de *liminar*.

Colocando-se de lado a inconstitucionalidade por nós denunciada, perguntamos: estaria a ocorrer antinomia entre o disposto no art. 7.º, § 2.º, da Lei n. 12.016/2009 e no § 4.º do art. 4º da mesma norma legal? O primeiro proíbe a concessão de liminar que tenha por objeto, entre outras coisas, "a concessão de aumento ou a extensão de vantagens ou pagamento de qualquer natureza" a servidores públicos; o segundo declara que o "pagamento de vencimentos e vantagens pecuniárias assegurados em sentença concessiva de mandado de segurança a servidor público da administração direta ou autárquica federal, estadual e municpal somente será efetuado relativamente às prestações que se vencerem a contar da data do ajuizamento da inicial". Inexiste antinomia. O que se veda é a concessão de *liminar* para efeito de pagamento de qualquer natureza a servidor público (art. 7.º, .§ 2.º), embora se permita que esse pagamento seja determinado por *sentença* (art. 14, § 4.º) – que, nesse caso, possuirá natureza condenatória.

5. Impugnação do ato concessivo

Durante algum tempo, a doutrina do processo do trabalho andou às voltas com o problema de definir se admitia, ou não, a possibilidade de o ato judicial concessivo de liminar de ação de mandado de segurança ser impugnado.

O bom senso acabou por demonstrar a necessidade de esse ato judicial ser objeto de impugnação, pois a sua concessão poderia, por exemplo, ter sido feita sem o atendimento aos requisitos legais, de tal maneira que seria até mesmo atentatório da incolumidade da ordem jurídica o entendimento de que nenhuma impugnação caberia à decisão concessiva da liminar.

Restava definir, no entanto, qual seria o meio adequado para realizar-se essa impugnação.

A Lei n. 1.533/1951 era omissa a esse respeito. O seu art. 12 previa, apenas, a interposição do recurso de apelação da *sentença*, concessiva ou denegatória da segurança. A Lei n. 4.348/1964, por sua vez, cogitava somente da interposição de agravo da decisão do presidente do tribunal que suspendesse a *execução* da liminar.

Essas omissões legais levaram a doutrina do processo do trabalho a cogitar de: a) recurso ordinário; b) reclamação correcional; c) medida cautelar; e até mesmo d) mandado de segurança. É oportuno lembrar que, na altura, a competência para apreciar ação de mandado de segurança, no âmbito da jurisdição trabalhista, era originária dos tribunais. Pois bem. Nenhuma dessas providências sugeridas pela doutrina se revelava apropriada. O recurso ordinário era inaceitável, pois tendo a decisão monocrática, concessiva ou denegatória da liminar, natureza interlocutória (CPC de 1973, art. 162, § 2.º; CPC de 2015, art. 203, § 2.º), a interposição de recurso estava vedada pelo art. 893, § 1.º, da CLT. A correição parcial, derivante de reclamação correcional, só caberia, em princípio, de atos judiciais que implicassem tumulto ou subversão da ordem processual – e, no caso, não haveria esse tumulto ou essa subversão, pois a concessão da liminar se daria em decorrência do regular exercício do poder discricionário do magistrado. As medidas cautelares, mesmo as inominadas, oriundas do poder geral de cautela dos magistrados (CPC de 1973, art. 798; CPC de 2015, arts. 300 e 301), também não seriam cabíveis, por não terem natureza impugnativa, senão que assecuratória do direito ao processo. O mandado de segurança também não poderia ser admitido, justamente porque estaria sendo impetrado contra ato judicial praticado em processo de mandado de segurança.

Pondo-se de lado os demais desdobramentos dessas manifestações doutrinárias, devemos dizer, por apego à brevidade, que o panorama, nos dias atuais, é o seguinte:

5.1 Decisão de primeiro grau

Nos termos do § 1.º do art. 7.º da Lei n. 12.016/2009, da decisão do juiz de primeiro grau, concessiva ou denegatória da *liminar*, caberá, no sistema do processo civil, agravo de instrumento.

Estamos diante de uma aporia.

Como se sabe, no processo do trabalho, o agravo de instrumento é um recurso de natureza, exclusivamente, *liberatória*, porquanto destinado a impugnar decisão unipessoal denegatória da admissibilidade de recurso (CLT, art. 897, *b*). Logo, não pode ser utilizado como meio de impugnar decisão concessiva ou denegatória de liminar em ação de mandado de segurança, por absoluta falta de previsão legal.

Aliás, considerando-se que o ato pelo qual o juiz concede ou denega a liminar mandamental é de natureza *interlocutória*, logo se percebe que, por força do disposto no art. 893, § 1.º, da CLT, *nenhum recurso* será cabível, de imediato.

Nem é o caso de reclamação correcional, pois o ato do juiz não terá sido tumultuário do devido processo legal. A medida cautelar inominada fica, também, afastada, pois não é do escopo desse tipo de ação a cassação de decisões judiciais, ainda que monocráticas.

Estamos propensos a admitir, em razão disso, o uso da ação de mandado de seguraça para impugnar a decisão concessiva ou denegatória de liminar em ação mandamental. É certo que há o empecilho materializado na OJ n. 140 da SBDI-2 do TST: "Não cabe mandado de segurança para impugnar despacho que acolheu ou indeferiu liminar em outro mandado de segurança". Esse empecilho, contudo, pode ser removido, como pretendemos demonstrar no Capítulo XI ("Recursos", item 1, letra "a"), mais adiante.

5.2 Decisão do relator

De modo geral, os regimentos internos dos tribunais do trabalho de nosso país preveem o agravo regimental como o meio processual adequado para impugnar a decisão do relator, concessiva ou denegatória de liminar em mandado de segurança, ou indeferidora da petição inicial.

No sistema da Lei n. 12.016/2009, caberá agravo ao órgão competente do tribunal de que o relator participe (art. 16, parágrafo único).

6. Revogação, cassação, caducidade e extinção

6.1. Revogação

Em livro anterior, dissemos que muito se discutia, na doutrina e na jurisprudência, sobre a liceidade de o juiz revogar, por sua iniciativa, a liminar. E prosseguíamos:

> Antes de manifestarmos a nossa opinião a respeito, devemos fazer um pequeno reparo à terminologia. Talvez fosse mais adequado à técnica e à ciência jurídicas falar-se em cassação da liminar e não em sua revogação. Dá-se que este último termo, no terreno peculiar do direito administrativo, está intimamente ligado aos critérios de oportunidade e de conveniência – que se tomam aberrantes quando relacionados com a atividade jurisdicional. Já o vocábulo cassação está livre dessas implicações, porquanto o juiz poderá cassar a liminar por havê-la concedido equivocadamente; em decorrência das informações prestadas pela autoridade coatora; por haverem desaparecido os motivos de fato que justificaram a concessão, etc.[20]

---

(20) *Mandado de segurança na Justiça do Trabalho*. 4. ed. São Paulo: LTr Editora, 2017, p. 242.

Já não pensamos assim. Quando o próprio magistrado toma a iniciativa de cancelar a liminar, será mais apropriado cogitarmos, efetivamente, de *revogação* e não de *cassação*, pois esta última traz, implícita, a ideia de que o ato foi desfeito *contra* a vontade do juiz que emitira a liminar. Esta terminologia, a propósito, põe-se em consonância com o § 3.º do art. 7.º da Lei n. 12.016/2009, que alude à revogação e à cassação.

Feito o reparo, devemos dizer da possibilidade de o juiz revogar *ex officio* a liminar. Com efeito, há circunstâncias que impõem ao juiz rever o seu pronunciamento inicial, que deu origem à liminar, sendo, por isso, insensato supor-se que jamais pudesse rever aquela decisão. Direito é bom senso; a vida é bom senso. Seria, por isso, desassizado insistir-se na manutenção de uma liminar quando se tenham, *v.g.*, modificado consideravelmente as circunstâncias que motivaram a sua outorga. Esta assertiva, porém, não coloca uma "pá de cal" sobre o problema. Devemos examinar, ainda, outros aspectos relevantes e controversos, como os pertinentes: 1) à necessidade de ser ouvido o impetrante antes de cassar-se a liminar; 2) à possibilidade de ser impugnada, ou não, a decisão que revoga a liminar; 3) à possibilidade de ser restabelecida a liminar pelo mesmo juiz que a concedera.

Um impulso inicial poderia levar a quantos se debruçassem sobre o assunto a concluir ser indispensável a oitiva do impetrante antes de ser revogada a liminar, sob pena de quebrantamento dos princípios constitucionais do contraditório e da ampla defesa (art. 5.º, LV). Essa conclusão, no entanto, seria precipitada, pois os princípios constitucionais referidos não apresentam a rigidez que se imagina. Basta argumentar com o art. 300, § 2.º, do CPC, que permite ao juiz conceder medida cautelar inominada sem audiência da parte contrária. Não se quer dizer que essa norma do processo civil tenha preeminência hierárquica em face da constitucional, e, sim, que nunca se inquinou de inconstitucional esse dispositivo da lei ordinária por haver dado ao juiz a faculdade de emitir liminar no processo cautelar sem prévia audição do réu. Aliás, é necessário esclarecer que há duas modalidades de contraditório: a) o imediato; e b) o diferido. O primeiro ocorre ato contínuo; o segundo, posteriormente (com a contestação ou com o recurso, por exemplo). A Constituição Federal não alude, necessariamente, ao contraditório imediato.

Nada obsta, contudo, a que o juiz ouça o impetrante antes de revogar a liminar. A audiência prévia do impetrante poderá trazer-lhe certas informações ou argumentos que sejam úteis à formação de seu convencimento jurídico quanto à necessidade de ser revogada ou mantida a liminar. Reitere-se, porém: o juiz não está obrigado a ouvir o impetrante, como requisito indispensável à revogação da medida outorgada *in limine*.

Se entender que a liminar deva ser revogada, a sua decisão deverá ser fundamentada, para atender à regra estampada no art. 93, IX, da Constituição Federal.

No caso de decretação *ex officio* da caducidade da liminar, prevista no art. 2.º da Lei n. 12.016/2009, não há necessidade de ouvir-se, previamente, o impetrante, porque aqui a caducidade funciona como sanção a um comportamento processualmente inadequado por parte daquele que obteve a segurança *in limine*. A propósito, o que está no sobredito dispositivo legal não é a cassação da liminar, e, sim, a sua perempção ou caducidade. A cassação pode ocorrer mesmo que o impetrante não tenha adotado nenhum comportamento processualmente antiético, como quando desaparece um dos pressupostos que levaram o magistrado a conceder a liminar (o *periculum in mora*, por exemplo).

Por outro lado, no âmbito do primeiro grau, pensamos ser impugnável por meio de mandado de segurança a decisão que revogar a liminar, pois revogar significa o mesmo que denegar. No caso de a ação mandamental ser da competência originária do tribunal, essa impugnação, em princípio, será feita mediante agravo regimental, desde que haja previsão, nesse sentido, no regimento interno da corte.

Por fim, embora isso dificilmente ocorra na prática, não vemos restrições à possibilidade de o juiz restabelecer, *ex officio*, a liminar que havia revogado. A revogação pode ter sido equivocada, motivo por que o restabelecimento da medida é ato de justiça. Outras razões, desde que ponderosas, podem justificar o restabelecimento da liminar – que, aliás, tanto pode ser efetuado por iniciativa do juiz quanto a requerimento do impetrante.

6.2. Cassação

A cassação, conforme afirmamos no item anterior, pressupõe que a liminar tenha sido desfeita contra a vontade do magistrado que a concedeu. Esse desfazimento (cassação) tanto pode decorrer de mandado de segurança – segundo nossa opinião – como de agravo regimental, segundo se trate de ato de juiz de primeiro grau ou de relator.

O § 3.º do art. 7.º da Lei n. 12.016/2009 esclarece que os efeitos da liminar persistirão até a prolação da sentença, salvo se vier a ser, antes disso, revogada ou cassada.

6.3. Caducidade

Em determinadas situações poderá ocorrer a caducidade ou perempção da liminar, ou seja, a cessação de sua eficácia.

Um desses casos se configurará quando, concedida a liminar, o impetrante "criar obstáculo ao normal andamento do processo, ou deixar de promover, por mais de 3 (três) dias úteis, os atos e diligências que lhe cumprirem" (Lei n. 12.016/2009, art. 8.º). No caso, haverá, apenas, a caducidade da liminar, mas não a extinção do processo, que deverá seguir em seus trâmites regulares. Alguns estudiosos poderiam imaginar que se deveria aplicar ao caso a Súmula n. 216 do STF, de acordo com a qual "Para decretação da absolvição de instância pela paralisação do processo por mais de 30 (trinta) dias, é necessário que o autor, previamente intimado, não promova o andamento da causa". Não concordamos com a incidência desta Súmula por, quando menos, duas razões jurídicas. Em primeiro lugar, a Súmula trata da extinção do processo sem exame do mérito (a antiga "absolvição de instância"), sendo que, como dissemos, as atitudes do impetrante, descritas no art. 8.º da Lei n. 12.016/2009, conduzem, somente, à caducidade da liminar e não à extinção do processo; em segundo, a precitada norma da Lei n. 12.016/2009 tem um certo componente ético, pois visa a sancionar o comportamento do impetrante que, tendo obtido a liminar, passa – mercê de uma conveniência pessoal evidente – a criar obstáculos à normal tramitação do processo ou a revelar-se negligente quanto à prática de atos ou diligência que lhe cumprem.

O art. 2.º da revogada Lei n. 4.348/1964 aludia a três situações distintas, que poderiam ser agrupadas em duas espécies: a) a primeira ("criar obstáculo ao normal andamento do processo") traduzia dolo processual; b) a segunda ("deixar de promover por mais de 3 (três) dias os atos e diligências que a ele cumprirem" ou "abandonar a causa por mais de 20 (vinte) dias") indicava negligência da parte. No caso de dolo processual – caracterizada essa conduta do impetrante –, a caducidade da liminar seria inevitável e constituía sanção legal pelo uso indevido do processo. Já no caso de negligência (ou de inércia), a caducidade da liminar somente deveria ser decretada se o impetrante deixasse de atender ao despacho judicial que lhe impusera a prática do ato (ou seja, a atuação no processo), no prazo assinado.

A Lei n. 12.016/2009, no art. 8.º, manteve, basicamente, a referências às duas situações previstas na Lei n. 4.348/1964 (art. 2.º), embora tivesse excluído a expressão "ou abandonar a causa por mais de 20 (vinte) dias", que se seguia à "deixar de promover, por mais de 3 (três) dias, os atos e diligências que lhe cumprirem".

Reiterando: nos termos do art. 8.º da Lei n. 12.016/2009, a negligência do impetrante conduz à *caducidade* da liminar e não à extinção do processo.

Diz a precitada norma legal, ainda, que a caducidade poderá ser decretada de ofício ou a requerimento do Ministério Público. Cremos, todavia, que essa dicção legal esteja a merecer um ligeiro retoque, pois não há razão jurídica para excluir-se a possibilidade de o representante legal da pessoa jurídica de direito público interessada dirigir-se ao juiz para formular requerimento nesse sentido.

Outrora, ocorria também a caducidade da liminar pelo decurso do prazo de noventa dias, contados da data em que foi deferida, como estabelecia o art. 1.º, *b*, da Lei n. 4.348/1964. Esse mesmo dispositivo de lei permitia a prorrogação do prazo por mais trinta dias "quando provadamente o acúmulo de processos pendentes de julgamento justificar a prorrogação".

Sempre entendemos que essa norma da Lei n. 4.348/1964 foi revogada pelo atual CPC, que não fixa prazo para a duração da eficácia da liminar cautelar.

Por isso, escrevemos nas edições anteriores deste livro:

> Nosso ponto de vista sobre o assunto é este: a) tendo, efetivamente, a liminar concedida em ação de segurança natureza cautelar, é razoável que se dispense a ela o mesmo tratamento que o CPC dá à liminar própria do processo cautelar: eficácia sem prévia determinação no tempo; b) se subsistem os motivos que levaram o juiz a conceder a liminar, em ação de segurança, é injusto – para não dizer inconstitucional – que ela perca a sua eficácia pelo simples fato de haver decorrido um certo (e reduzido) prazo, arbitrariamente fixado pelo legislador; c) a possibilidade de esse prazo ser prorrogado por trinta dias não corrige a injustiça, nem elimina o antagonismo da lei ordinária com o texto constitucional, pois haverá situações em que os motivos determinantes da emissão da liminar perdurarão além da prorrogação do prazo. É importante observar, aliás, que a dilatação, em trinta dias, do prazo de eficácia da liminar não leva em conta a eventualidade de persistirem os motivos que justificaram a sua outorga e sim o acúmulo de serviços do órgão jurisdicional – o que é, verdadeiramente, absurdo, teratológico mesmo. E se, decorridos os trinta dias da prorrogação, o tribunal não julgar a ação de segurança, como ficará o direito do impetrante? Não há, pois, o menor senso lógico (e jurídico) em vincular-se a ampliação do período de eficácia da liminar ao acúmulo de serviços do órgão jurisdicional. Essa vinculação deve ser com a permanência, ou não, dos motivos que autorizaram a concessão da liminar.[21]

> E concluíamos:

> (...) as normas do vigente digesto de processo civil derrogaram, tacitamente, o disposto na letra "b" do art. 1.º da Lei n. 4.348/64; sendo assim, a eficácia da liminar dada em ação de segurança não deve ser limitada no tempo. A entender-se que não houve a aludida derrogação, será lícito ao relator prorrogar, por trinta dias, tantas quantas forem as vezes necessárias, a eficácia da liminar, desde que subsistam os fatos ou circunstâncias que ensejaram a expedição da medida. Neste último

---

(21) *Mandado de segurança na Justiça do Trabalho* cit., p. 245.

caso, estar-se-ia acatando a letra da Lei ordinária (n. 4.348/64), mas dando-lhe uma interpretação consentânea com as elevadas razões que levaram a Constituição da República a consagrar a ação de segurança como remédio específico para promover a tutela imediata de direito líquido e certo, lesado ou ameaçado de lesão, por ato ilegal ou abusivo de poder, praticado por autoridade pública ou agente de pessoa jurídica no exercício de atribuições do Poder Público (art. 5.°, LXIX).[22]

A Lei n. 12.016/2009 revogou a Lei n. 4.348/1964 (art. 29), sem fixar a eficácia da liminar em período de tempo. A nova lei declara que os efeitos da liminar – exceto se revogada ou cassada – persistirão até a prolação da sentença (art. 7.º, § 3.º).

6.4. Extinção

Em, quando menos, duas situações ficará extinta a liminar: a) quando a segurança for negada pela sentença ou pelo acórdão; b) quando, concedida a segurança pela sentença ou pelo acórdão, houver interposição de recurso dotado de efeito suspensivo.

Essa é, em linhas gerais, a orientação jurisprudencial compendiada pela Súmula n. 405 do Supremo Tribunal Federal, assim enunciada: "Denegado o mandado de segurança pela sentença ou no julgamento do agravo dela interposto, fica sem efeito a liminar concedida, retroagindo os efeitos da decisão contrária".

A Súmula em questão faz referência ao agravo – recurso que, no sistema do CPC de 1939, era interponível das sentenças proferidas nas ações de segurança. O estatuto processual de 1973 eliminou o agravo de petição, destinando à apelação a tarefa de impugnar as sentenças supracitadas. Esse recurso, no processo do trabalho, é o ordinário. Considerando-se que o recurso ordinário, em princípio, possui efeito meramente devolutivo (CLT, art. 899, *caput*), isso quer dizer que a Súmula 405 do Excelso Pretório não se aplica por inteiro ao processo do trabalho, uma vez que o recurso interposto do acórdão concessivo da segurança não inibe a eficácia desta, que retrotrai à data da emissão da liminar – salvo se o impetrante conseguir obter, mediante ação cautelar inominada, a atribuição de efeito suspensivo ao seu recurso (TST, Súmula n. 414, I, parte final).

Estabelece, ainda, a **Súmula n. 626** do STF: "A suspensão da liminar em mandado de segurança, salvo determinação em contrário da decisão que a deferir, vigorará até o trânsito em julgado da decisão definitiva de concessão da segurança ou, havendo recurso, até a sua manutenção pelo Supremo Tribunal Federal, desde que o objeto da liminar deferida coincida, total ou parcialmente, com o da impetração".

---

(22) *Mandado de segurança na Justiça do Trabalho* cit., p. 245.

Acrescente-se, por fim, a disposição trazida pelo art. 7.º, § 4.º, da Lei n. 12.016/2009, de acordo com a qual "Deferida a liminar, o processo terá prioridade para julgamento". Em rigor, essa prioridade é inerente à ação de mandado de segurança, motivo pelo qual não vemos razão jurídica relevante para haver-se restringido essa prioridade aos casos em que houver a *concessão* da liminar – sabendo, a propósito, que, em muitos casos, essa prioridade é tanto mais importante quando se *nega* a liminar. Se a decisão concessiva da liminar fosse irrecorrível, talvez se pudesse encontrar, nisso, uma justificativa para haver-se atribuído prioridade no julgamento do processo; entrementes, tanto a decisão do juiz de primeiro grau quanto a do relator, *concessivas* da liminar, são impugnáveis, como demonstram os arts. 7.º, § 1.º, e 16, parágrafo único, da Lei n. 12.016/2009, nesta ordem. Ademais, o próprio art. 20 da Lei n. 12.016/2009 afirma que "os processos de mandado de seguraça (logo, todos eles) e os respectivos recursos terão prioridade sobre todos os atos judiciais, salvo *habeas corpus*". A única maneira de encontrar-se algum sentido lógico para a regra inscrita no § 4.º do art. 7.º da Lei n. 12.016/2009, como afirmamos, será concluindo-se que a prioridade, aqui prevista, ocorrerá em relação aos próprios processos de mandado de segurança, nos quais não se tenha concedida a liminar.

CAPÍTULO XVII

NOTIFICAÇÕES E CITAÇÕES

1. Notificações

O CPC prevê, como meios de comunicação dos atos processuais, no processo de conhecimento, a *citação* (art. 238) e a *intimação* (art. 269).

Em tema de ação de mandado de segurança, firmou-se a tradição de aludir-se à *notificação* da autoridade apontada como coatora (CPC de 1939, art. 322, I). Em rigor, nessa modalidade de ação, os vocábulos *intimação* e *notificação* apresentam significados muito semelhantes, pois tanto um como outro traduzem "ato pelo qual se dá ciência a alguém dos atos e termos do processo" (CPC, art. 269). Na ação mandamental, a notificação da autoridade indicada como coatora se faz para que esta preste informações (Lei n. 12.016/2009, art. 7.º, I), vale dizer, defenda o ato por ela praticado ou justifique a abstenção da prática desse ato.

Com efeito, dispõe a norma legal supracitada que o juiz, ao despachar a petição inicial, determinará que se notifique a autoridade dita coatora do conteúdo dessa petição (cuja segunda via deverá ser-lhe encaminhadam, com cópia dos documentos), para que, no prazo de dez dias, preste as informações que julgar necessárias ou convenientes.

Nos casos de urgência, o magistrado poderá ordenar que a notificação seja feita por meio de telegrama, radiograma ou outro meio que assegure a autenticidade do documento e a imediata ciência pela autoridade (Lei n. 12.016/2009, art. 4.º, § 1.º).

Efetuada a notificação, o serventuário em cujo cartório ou secretaria tramite o processo juntará aos autos cópia autêntica dos ofícios endereçados à autoridade apontada como coatora, e ao órgão de representação judicial da pessoa jurídica interessada, assim como prova da entrega a estes, ou de sua recusa em aceitá-los ou dar recibo e, no caso do art. 4.º da Lei n. 12.016/2009, a comprovação da remessa (art. 11). No sistema da revogada Lei n. 4.348/1964, a intimação da pessoa jurídica de direito público interessada só ocorria se fosse concedida a liminar ou proferida a sentença (art. 3.º). A intimação, agora, é feita no início do processo (*initio litis*). Cremos que a regra estampada no art. 11 da Lei n. 12.016/2009 complementa a do art. 7.º, I, da mesma norma legal. Expliquemo-nos. Este último dispositivo da Lei declara que a autoridade indicada como coatora deverá prestar as informações no prazo de dez dias. Não fixa, todavia, o momento em que esse prazo passará a fluir (*dies a quo*). Como o art. 11 da Lei n. 12.016/2009 determina que o escrivão ou diretor da secretaria junte aos autos cópia autêntica dos ofícios remetidos à autoridade dita coatora e ao órgão de representação da pessoa jurídica interessada, parece-nos que o prazo de dez dias, para que a precitada autoridade preste informações, passará a fluir da data dessa juntada. Não ignoramos a possibilidade de esta nossa opinião vir a ser contestada, ao argumento de que o prazo para a prestação dessas informações começaria a ser contado a partir do momento em que a autoridade apontada como coatora fosse notificada. Ora, se assim se objetar, cabe-nos redarguir, em caráter proléptico, com a seguinte indagação: qual, então, a razão de ser do art. 11 da Lei n. 12.016/2009? Devemos esclarecer, contudo, que este nosso entendimento só se aplica às situações em que a autoridade indigitada como coatora for *administrativa*, pois apenas neste caso faria sentido a referência legal ao "órgão de representação da pessoa jurídica interessada". Segue-se que se coatora for uma autoridade *judiciária*, o prazo para que esta preste informações passa a fluir da data em que for notificada para isso, observada a regra do art. 775 da CLT.

2. Citações

O art. 24 da Lei n. 12.016/2009 manda aplicar ao processo de mandado de segurança os arts. 46 a 49 do CPC de 1973, que se ocupavam do litisconsórcio. Esses dispositivos legais correspondem aos arts. 113 a 118 do CPC de 2015.

Considerando que o litisconsorte (ao contrário do assistente) é parte, deverá ser *citado* (CPC, art. 114), trate-se de regime litisconsorcial necessário ou facultativo. Embora o litisconsorte não seja, tecnicamente, réu, poderá ser citado no lugar em que se encontre (CPC, art. 243, *caput*), salvo se: a) estiver assistindo a qualquer ato de culto religioso; b) for o caso de cônjuge ou parente do morto, consanguíneo ou afim, em linha reta, ou na colateral em segundo grau, no dia do falecimento e nos sete dias subsequentes; c) tratar-se de noivos, nos três primeiros dias de bodas; d) doente, enquanto grave o seu estado de saúde (CPC, art. 244, I a IV, respectivamente).

Estabelece o *caput* do art. 6.º da Lei n. 12.016/2009 que a petição inicial deverá indicar, além da autoridade coatora, a pessoa jurídica que a referida autoridade integra. Em decorrência disso, o inciso II do art. 7.º da mesma norma legal determina que o juiz, ao despachar a inicial, "dê ciência do feito ao órgão de representação judicial da pessoa jurídica interessada".

Entendemos que não se trata, aqui, de citação, e sim de *intimação*. Realmente, a mencionada pessoa jurídica não estará sendo *convocada* a juízo para integrar a relação processual (CPC, art. 238), se não que estará, apenas, sendo *cientificada* da existência da ação. Cientificada para que finalidade? Para que ingresse nos autos na qualidade de assistente litisconsorcial (CPC, art. 124), e não de litisconsorte (CPC, art. 113). É sintomático, aliás, o fato de o legislador haver determinado que à autoridade apontada como coatora sejam encaminhadas cópias da inicial e dos documentos que a instruem, ao passo que ao órgão de representação judicial da pessoa jurídica interessada será remetida, apenas, cópia da inicial – ou seja, "sem documentos", como esclarece o inciso II do art. 7.º da Lei n. 12.016/2009.

CAPÍTULO XVIII

AS INFORMAÇÕES

1. Comentário

Conforme ficou demonstrado em capítulos precedentes, na vigência da Lei n. 191, de 16 de janeiro de 1936, o juiz, ao despachar a inicial: a) mandava citar a autoridade coatora (por oficial de justiça ou mediante carta precatória), a fim de lhe ser entregue a segunda via da petição inicial, com a respectiva cópia dos documentos que a instruíam (art. 8.º, *a*); b) encaminhava, por oficial de justiça ou pelo correio, sob registro, ao representante judicial, ou, na falta deste, ao representante legal da pessoa jurídica de direito público interno, interessada no caso, a terceira via da inicial, com a respectiva cópia dos documentos (art. 8.º, *b*).

Dispunha, ainda, aquela norma legal que "Na contrafé da citação, a que se refere a letra a do § 1.º, assim como no ofício de que trata a letra *b* do mesmo parágrafo, será fixado o prazo de dez dias úteis, que correrá em cartório, depois de juntar-se aos autos a contrafé e o recibo do ofício, para apresentação da defesa e das informações reclamadas" (art. 8.º, § 3.º).

Nota-se, portanto, que no sistema da Lei n. 191/1936 eram citadas tanto a autoridade coatora quanto a pessoa jurídica de direito público interessada, para que, no prazo de dez dias, apresentassem, a primeira, as informações que julgasse necessárias ou convenientes; a segunda, a sua defesa. Como dissemos anteriormente, o que se verificava, em consequência disso, era uma *dupla defesa*, porquanto, na maioria dos casos, eram coincidentes entre si os argumentos oferecidos pela autoridade apontada como coatora e pela pessoa jurídica de direito público.

O Código de Processo Civil de 1939 alterou superficialmente esse sistema, ao ordenar que a autoridade coatora fosse notificada para prestar informações no prazo de dez dias e citado o representante judicial, ou, à falta, o representante legal da pessoa jurídica de direito público interessada na ação (art. 322, I e II), esclarecendo, ainda, que quando a pessoa do coator se confundisse com a do representante judicial, ou legal, da referida pessoa jurídica, "a notificação, feita na forma do n. I deste artigo produzirá também os efeitos da citação" (art. 322, § 1.º).

A Lei n. 1.533/1951, todavia, impôs modificação profunda nesse procedimento legal, ao abolir a citação da pessoa jurídica de direito público interessada na causa e restringir o despacho do juiz, exarado na inicial (melhor: a sua decisão), à notificação da autoridade coatora, para prestar, no prazo de dez dias, as informações que reputar necessárias (art. 7.º, I).

Na redação original da Lei n. 1.533/1951, o prazo era de cinco dias, tendo sido ampliado para quinze dias por força da Lei n. 4.166/1962; o prazo de dez dias foi fixado pela Lei n. 4.348/1964 (art. 1.º, *a*).

Observe-se, apenas, que por força do disposto no art. 269 do atual diploma processual civil, o vocábulo *notificação*, constante da Lei n. 1.533/1951 e da Lei n. 12.016/2009, que revogou aquela, deve ser entendido como *intimação*, uma vez que, atualmente, a notificação constitui modalidade de *procedimento especial de jurisdição voluntária* (art. 726).

Apesar da clareza dos termos pelos quais se manifestaram as normas legais supracitadas, alguns autores puseram-se a entender que a pessoa jurídica de direito público interessada deveria ser citada para apresentar resposta à ação de segurança.(23) *Venia concessa,* não se havia como sustentar, após a vigência da Lei n. 1.533/1951, a sobrevivência de certas regras próprias da legislação revogada, como, *e.g.*, a citação da mencionada pessoa jurídica, a fim de que se defendesse em juízo. Ora, a Lei 1.533/1951 dispensou uma tal citação, exatamente para evitar a duplicação de defesas, a que nos referimos há pouco, e que eram tão frequentes ao tempo em que estiveram a viger a Lei n. 191/1936 e o CPC de 1939. Com essa providência, a Lei n. 1.533/1951 buscou, inclusive, simplificar o procedimento da ação de segurança.

A Lei n. 12.016/2009, no inciso II, não alude à notificação nem à citação do órgão de representação judicial da pessoa jurídica, fazendo, isto sim, enigmática referência à "ciência" desse órgão, para que, pretendendo, "ingresse no feito".

A que título se daria esse ingresso no processo?

Considerando que a norma legal em foco determina a *cientificação* do aludido órgão, para que, *caso deseje,* ingresse no processo, temos que se trata de assistência litisconsorcial (CPC, art. 124) e não de litisconsórcio. Quanto menos, de litisconsórcio necessário, pois, se assim fosse, deveria haver citação (CPC, art. 114), e não mera *cientificação.*

Voltemos às informações a serem prestadas pela autoridade indicada como coatora.

---

(23) Assim, Themístocles Cavalcanti, obra cit., p. 15 e Castro Nunes, obra cit., p. 313.

De modo geral, os estudiosos – na vigência da Lei n. 1.533/1951 – concordavam que essas informações correspondiam a uma espécie de resposta, semelhante a que era apresentada pelo réu, nos processos de conhecimento e cautelar. Isso correspondia a afirmar, pois, que a defesa da pessoa jurídica de direito público era efetuada por intermédio das informações subministradas pela autoridade apontada como coatora.

Conquanto fosse essa também a nossa opinião, lançamos algumas ponderações complementares a respeito do tema. Dissemos que quando o ato lesivo de direito líquido e certo do impetrante fosse praticado pela Administração, parecia-nos razoável ver nas informações prestadas pela autoridade coatora um sucedâneo da resposta que, no sistema passado, poderia ser oferecida pela pessoa jurídica de direito público. Tratando-se, porém, de mandado de segurança que tivesse como objeto ato jurisdicional, ficava difícil admitir a possibilidade de ver nas aludidas informações um elemento substituinte da resposta; é que, embora o magistrado (autoridade coatora) agisse, nesse caso, em nome do Estado, a Administração, em princípio, não possuía nenhum interesse na causa, motivo por que aquelas informações constituiam ato pessoal do magistrado, ou seja, tinham a finalidade de justificar o ato por ele praticado e não de promover a defesa da Administração Pública, desinteressada na ação. Interesse – jurídico e moral – havia, isto sim, do juiz, na defesa do ato praticado.

Reconhecíamos, no entanto, que nas ações de segurança ajuizadas contra ato judicial havia, quase sempre, um outro interessado, cuja presença vinha sendo desconsiderada pela doutrina e pela jurisprudência: o adversário do impetrante. A despeito de ser, efetivamente, o juiz – como autoridade supostamente coatora – o maior interessado em manifestar-se na ação de segurança, por meio de suas informações, não se podia ignorar o fato de o adversário do impetrante possuir, também, largo interesse em promover a manutenção do ato jurisdicional impugnado pelo *mandamus* e que lhe era favorável; por isso, pensávamos ser recomendável a audiência desse litigante, sob pena de ficar submetido à incômoda posição de ter de assistir, inerte, à cassação do ato jurisdicional que o beneficiava no processo. Se é certo que a Lei n. 1.533/1951 não determinava a oitiva do adversário do impetrante, não menos exato é que não a proibia. Logo, sustentávamos a faculdade de o juiz, na ação de segurança, ouvir o adversário do impetrante, no prazo que lhe assinasse (idealmente, de dez dias, simultâneo ao prazo que teria a autoridade coatora para remeter as suas informações).

Com o advento da Lei n. 12.016/2009, contudo, estamos a sentir uma certa dificuldade em ver nas informações a serem prestadas pela autoridade apontada como coatora uma espécie de resposta substitutiva da que, em outros tempos, era oferecida pela pessoa jurídica interessada. Passa-se que, como vimos, agora, por força da regra inscrita no inciso II do art. 7.º da Lei n. 12.016/2009, o órgão de representação judicial da pessoa jurídica interessada deverá ser cientificado do despacho (decisão) exarado na inicial, "para que, querendo, ingresse no feito" –

na qualidade de assistente litisconsorcial, segundo nossa opinião. Desse modo, a defesa dessa pessoa jurídica poderá ser empreendida por ela própria, não mais se podendo, por isso, ver nas informações a serem prestadas pela autoridade dita coatora um elemento substitutivo da resposta da pessoa jurídica.

O que nos parece claro é que as informaçãoes constituem um dever e não um ônus da autoridade apontada como coatora.

2. Questões pertinentes

Para logo, formulamos as seguintes indagações: a) as informações prestadas pela autoridade apontada como coatora devem ser, invariavelmente, pessoais?; b) poderia a autoridade coatora alegar a incompetência do juízo?; c) poderia arguir outras causas extintivas do processo?; d) qual a consequência da não apresentação dessas informações? Vejamos.

a) Informações pessoais. A conclusão que se extrai do art. 7.º, I, da Lei n. 12.016/2009 é a de que as informações a cargo da autoridade coatora devem ser prestadas pessoalmente, não lhe sendo dado, portanto, fazê-lo por meio de procurador, ainda que regularmente constituído e com poderes específicos para essa finalidade. Somente em situações excepcionais é que se deverá permitir que essas informações sejam prestadas por pessoa diversa daquela que praticou o ato impugnado.

Pessoais devem ser, igualmente, as informações da autoridade coatora, quando for o caso de mandado de segurança impetrado contra ato jurisdicional. Essa afirmação pressupõe, contudo, que o juiz que haja, com seu ato ou com sua omissão, perpetrado ofensa a direito líquido e certo do impetrante ainda tenha jurisdição sobre o órgão ao qual se encontrava vinculado. Assim, se, quando do ajuizamento da ação de segurança, o juiz já estiver aposentado, ou tiver sido promovido ou removido, ou em gozo de licença por período prolongado, as informações deverão ser prestadas por quem estiver ocupando o seu lugar, seja em caráter definitivo ou provisório. Devemos sempre levar em conta o fato de que o mandado de segurança é impetrado contra um ato que o magistrado praticou não em virtude de sua pessoalidade e, sim, de sua qualidade institucional de órgão da jurisdição. Daí a possibilidade de, nas exceções que mencionamos, dissociar-se o ato da pessoa que o realizou, para efeito das informações a serem prestadas. Podemos, pois, enunciar a regra segundo a qual, ao contrário do que se passa nas demais situações, para efeito das informações a serem prestadas em sede de mandado de segurança, vigora o princípio da identidade física do magistrado.

b) *Incompetência do juízo.* Como as informações da autoridade coatora correspondiam, na hipótese de o ato impugnado haver sido praticado pela

Administração, à resposta que, na vigência da Lei n. 191/1936 e do CPC de 1939, poderia oferecer a pessoa jurídica de direito público interessada na causa, e como o conceito processual de resposta é amplo, abarcando a exceção, a contestação e a reconvenção, concluíamos que a autoridade coatora poderia (e, em alguns casos, deveria) alegar a incompetência do juízo.

Mantemos esse entendimento, em que pese o fato de as informações a cargo da autoridade indicada como coatora já não poderem ser vistas como elemento substitutivo da resposta que, na vigência da Lei n. 191/1936 e do CPC de 1939, a pessoa jurídica interessada poderia oferecer.

A despeito de o CPC de 2015 haver eliminado a figura da *exceção*, como modalidade de resposta do réu, essa alteração em nada afetou o processo do trabalho, porquanto a CLT contém norma expressa sobre o assunto (arts. 799 a 802).

Embora sejam nitidamente distintos os procedimentos relativos à incompetência relativa e à incompetência absoluta, essa dessemelhança (quanto ao procedimento, enfatizemos) deve desaparecer em sede de ação de segurança, pois seria inconcebível a exigência de que a incompetência relativa devesse vir sob a forma de exceção, vale dizer, em peça apartada, fato que só faria delongar o procedimento da ação de segurança. Por esses motivos, entendemos que tanto a incompetência relativa quanto a absoluta podem ser alegadas como preliminares nas informações a serem prestadas pela autoridade coatora. E óbvio que essa incompetência dirá respeito ao juízo em que se processa a ação de segurança. Essa ressalva, a propósito, conduz-nos a outra questão: no caso de mandado de segurança impetrado contra ato jurisdicional, poderia a autoridade coatora (juiz) alegar a incompetência relativa? Sabemos que, como regra, o juiz somente poderá conhecer de ofício da incompetência absoluta, a relativa deve ser alegada pelo interessado mediante exceção, que é uma das modalidades de resposta do réu. Malgrado consideremos extremamente difícil ocorrer uma situação concreta, em que a ação de segurança seja ajuizada em órgão relativamente incompetente para apreciá-la, se isso vier a ocorrer, não se poderá recusar à autoridade coatora a possibilidade de alegar a incompetência do juízo. Conquanto a autoridade coatora seja, na espécie, um juiz, é importante destacar que ele não está exercendo as suas funções na ação de segurança, em cujo processo atua, simplesmente, como prestador de informações, na qualidade de coator. Sob esse aspecto (e tão apenas sob esse aspecto), o magistrado se equipara à parte. No tocante à incompetência absoluta, como é elementar, ele poderá também alegá-la.

Se a própria Lei n. 12.016/2009 concede, de maneira expressa, à autoridade coatora o "direito de recorrer" da sentença (art. 14, § 2.º), seria desarrazoado negar-se a esta a simples possibilidade de alegar a incompetência do juízo, seja a relativa, seja a absoluta.

c) *Outras causas extintivas do processo.* A autoridade indicada como coatora, seja da Administração, seja da Magistratura, poderá, ainda, alegar outras causas extintivas do processo, com ou sem julgamento do mérito. Enumeram-se, entre essas causas, *e.g.*, a inépcia da petição inicial, a litispendência, a coisa julgada, a conexão, a incapacidade de parte, o defeito de representação, a carência da ação (CPC, art. 337).

Em tema de carência da ação, por exemplo, poderia acontecer de o ato lesivo de direito líquido e certo do impetrante ter sido tornado sem efeito (revogado) por ato espontâneo da autoridade coatora, de tal maneira que esta, ao apresentar as suas informações, comprovasse o fato ao juiz e alegasse, em consequência, ter o impetrante se tornado carecente da ação por haver desaparecido o seu interesse de agir em juízo.

Enfim, sempre que for o caso, será consentido à autoridade coatora alegar, preliminarmente às informações que tenha para prestar, as matérias previstas no art. 337 do CPC, e outras mais, capazes de provocar a extinção do processo.

3. Não oferecimento das informações

Para Hely Lopes Meirelles, "a falta de informações pode importar confissão ficta dos fatos alegados na inicial, se a isso autorizar a prova oferecida pelo impetrante".[24] Não concordamos com esse ponto de vista.

Embora, nos mandados de segurança impetrados contra ato da Administração, as informações prestadas pela autoridade coatora correspondam à resposta que, na legislação revogada, podia oferecer a pessoa jurídica de direito público interessada, isso não significa que a falta dessas informações acarretará a confissão presumida da referida autoridade. Podemos até pensar em revelia, na hipótese; em *ficta confessio*, nunca. A razão é elementar: na ação de segurança, os fatos alegados pelo autor (impetrante) devem estar comprovados por documentos, que, por sua vez, devem acompanhar a petição inicial (Lei n. 12.016/2009, art. 6.º, *caput*). No caso de o documento necessário à prova dos fatos encontrar-se em repartição ou estabelecimento público, ou em poder de autoridade que se recuse, injustificadamente, a fornecê-lo por certidão, ou de terceiro, proceder-se-á na forma estabelecida pelo § 1.º do art. 6.º da Lei n. 12.016/2009.

Seja num caso ou noutro, a conclusão é uma só: os fatos, em que o impetrante fundamenta o seu pedido, devem ser comprovados documentalmente, *in limine litis.* A contar daí, a matéria a ser apreciada pelo órgão jurisdicional é

(24) Obra cit., p. 58.

de direito; logo, não se aplica à ação de segurança a regra inscrita no art. 334 do CPC, segundo a qual se o réu não contestar a ação, presumir-se-ão verdadeiros os fatos narrados pelo autor. A revelia, aliás, nem sempre conduz à *ficta confessio*, como revela o art. 348 do mesmo estatuto processual, ao dizer que o juiz, "verificando a incorrência do efeito da revelia", mandará que o autor especifique as provas que pretende produzir. A confissão presumida, portanto, como efeito da revelia, nem sempre se verifica – assim como acontece nas ações de segurança, nas quais, como afirmamos, os fatos devem ser provados mediante documentos a serem apresentados pelo impetrante já no início do litígio.

Acerca de produção de provas na ação de segurança, discorremos no capítulo seguinte.

Se o efeito da revelia não ocorre nessas ações, quando tenham por objeto ato da Administração, por mais forte razão esse efeito não se verificará quando se tratar de mandado de segurança impetrado contra ato jurisdicional. Como dissemos, em linhas passadas, as informações a serem prestadas pela autoridade coatora, quando esta for um magistrado, nem por antonomásia podem ser equiparadas à resposta do réu. Nas informações, a única preocupação que presidirá o espírito do juiz (apontado coator) será a de defender o ato praticado e não de promover a defesa da Administração Pública, que, nesse caso, nem sequer tem interesse na causa.

O que deve ser esclarecido é que a autoridade apontada como coatora, sendo agente da Administração, está obrigada a prestar informações, motivo por que o seu silêncio deve ser interpretado como afronta à autoridade do juiz ou desacato a uma ordem sua, tipificando o crime de desobediência (CP, art. 330).

Na vigência da Lei n. 1.533/1951, afirmamos que se o juiz deixasse de prestar informações ao relator do processo, não estaria transgredindo nenhum dever (quanto menos uma obrigação) nem praticando ato tumultuário do procedimento; via de consequência, não poderia ser destinatário de sanção disciplinar ou de procedimento correcional. Considerando, todavia, o espírito da Lei n. 12.016/2009, passamos a entender que se o magistrado deixar de prestar as informações que lhe cabem, no prazo legal e sem nenhuma justificativa, poderá sofrer determinadas sanções de ordem disciplinar.

Cogitamos, até aqui, do não ofertamento, pela autoridade apontada como coatora, das informações que lhe estão afetas. É importante examinar, entretanto, o que ocorrerá se as informações forem fornecidas quando já exaurido o prazo de dez dias.

A primeira atitude do juiz será verificar se essa apresentação a destempo decorreu de motivo justo, ou não. No primeiro caso, é elementar que as informações deverão ser aceitas e juntadas aos autos, pois – por suposto – a perda do prazo não decorreu de ato que possa ser imputado à autoridade (CPC, art. 223,

§§ 1.º e 2.º); no segundo, todavia, a situação é mais delicada. Em princípio, as informações intempestivas não devem ser juntadas aos autos, porquanto o prazo de dez dias é preclusivo.

A não se agir desse modo, estar-se-ia golpeando duramente a disciplina processual, a que se encontram submetidos todos os sujeitos do processo, cujo ponto de apoio fundamental são os prazos. Dessa forma, apenas em situações verdadeiramente excepcionais deverão ser aceitas as informações prestadas de maneira serôdia pela autoridade coatora – valendo ressaltar que estamos cuidando da apresentação tardia que não tenha decorrido de motivo justo. Uma das causas extraordinárias que justificariam a admissão das informações oferecidas tardiamente poderia estar representada, p. ex., pela relevância constitucional da matéria que dá conteúdo à ação de segurança, motivo por que o próprio juiz teria interesse em conhecer as razões que levaram a autoridade pública a praticar o ato, que se inquina de ilegal ou abusivo de poder (e ofensivo de direito líquido e certo do impetrante).

Dispunha, aliás, o art 105, § 3.º, do Regimento Interno do Supremo Tribunal Federal: "As informações oficiais, apresentadas fora do prazo por justo motivo, podem ser admitidas, se ainda oportuna a sua apreciação". Era muito sensata a orientação contida nesse dispositivo, não só porque ressalvava o fato de as informações não terem sido prestadas no prazo fixado em lei por motivo justo, mas porque também permitia a aceitação dessas informações desde que fosse ainda possível a sua apreciação. Isso quer dizer que, a despeito de ter ocorrido motivo justo que impossibilitou o oferecimento das informações no prazo legal, elas não deveriam ser juntadas aos autos se já não pudessem ser examinadas, como se daria, *e.g.*, se a apresentação acontecesse na própria sessão de julgamento da ação de segurança. O Regimento Interno atual nada dispõe sobre essa particularidade.

Cabia sempre ao Ministro relator dizer se admitia, ou não, as informações oferecidas após o decurso do prazo de dez dias, devendo indicar as razões pelas quais as aceitava, se este fosse o caso. O texto do atual Regimento Interno da Suprema Corte de nosso país *também* não reproduziu essa saudável disposição.

CAPÍTULO XIX

PRODUÇÃO DE PROVAS

1. Comentário

À ação de segurança não se aplica a regra relativa à produção de provas, traçada pelo Código de Processo Civil. Nesse tipo de ação, cujo pedido se baseia na existência de direito líquido e certo do impetrante, a prova é, essencialmente, documental, ou seja, pré-constituída, exceto no caso do § 1.º do art. 6.º da Lei n. 12.016/2009.

Como se sabe, determina a norma legal que a petição inicial seja desde logo instruída com os documentos em que se funda a ação (Lei n. 12.016/2009, art. 6.º, *caput*), imposição que, *mutatis mutandis*, também consta do art. 283 do CPC e do art. 787 da CLT. Esse inderferimento, entrementes, a nosso ver, somente será posssível após a fixação de prazo para que o autor supra a falta, e o despacho não seja atendido. Inteligência do art. 321 do CPC, que faz expressa alusão ao art. 320 do mesmo Código.

A exigência de que o impetrante instrua a inicial com documento comprobativo da existência do direito líquido e certo alegado atende à necessidade de que o procedimento da ação de segurança seja célere – objetivo que, por certo, jamais seria alcançado se ao impetrante fosse permitido demonstrar a liquidez e a certeza de seu direito (ou melhor, do *fato* de que se origina o alegado direito), por outros meios, p. ex., o testemunhal. No caso em que a competência para apreciar a ação de mandado de segurança fosse originária dos tribunais, essa possibilidade apresentaria consequências particularmente mais graves, pois o relator teria de delegar competência ao juízo de primeiro grau para realizar audiência destinada à inquirição de testemunhas, circunstância que provocaria um considerável retardamento da solução final da causa, equivalendo a afirmar, do julgamento da ação de segurança.

Essa delegação de competência (carta de ordem) ao órgão de primeiro grau é, contudo, justificável na ação rescisória (CPC, art. 972), na qual a necessidade de imediata composição da lide não constitui mandamento vital.

A própria autoridade coatora, se pretender comprovar a veracidade dos fatos alegados em suas informações, terá na prova documental o meio adequado (e exclusivo) para isso, devendo providenciar, portanto, para que os documentos acompanhem, desde logo, aquelas informações. Somente em situações verdadeiramente excepcionais deverá o juiz permitir que o impetrante apresente documentos depois de ajuizada a inicial, e que a autoridade coatora o faça após prestar as informações. Dá-se que a juntada ulterior de documentos, seja por aquele ou por esta, fará com que o juiz, em nome dos princípios do contraditório e da bilateralidade, intime a outra parte, a fim de manifestar-se a respeito desses documentos, provocando, com isso, um retardamento do procedimento.

A necessidade de que o procedimento da ação de segurança seja rápido, liberto de empecilhos, repeliria a possibilidade de serem formalmente arguidos de falsos os documentos apresentados nos autos? Celso Agrícola Barbi opina que sim: "se os documentos apresentados forem impugnados, por falsos, não cabe no processo o incidente de falsidade. Arguido esse defeito da prova, desaparece a credibilidade do documento e, portanto, cria-se a dúvida em relação aos fatos alegados, o que basta para afastar o uso da via do mandado de segurança".(25)

Não estamos inteiramente de acordo com essa opinião. Se é exato, por um lado, que o incidente de falsidade documental não se harmoniza com a referida necessidade de rapidez do procedimento, por outro, não é menos certo que o simples fato de a parte contrária impugnar os documentos, por julgá-los falsos, e, com isso, fazer com que desapareça a credibilidade dos mesmos, constituirá um poderoso estímulo para a impugnação injustificada de documentos – levada a efeito com a finalidade indisfarçável de subtrair, de maneira astuciosa, o valor probante de que são providos. Dessa forma, documentos autênticos seriam sistematicamente impugnados por mera conveniência e deleite da parte contra a qual foram produzidos, pois esta ficaria em boa sombra para lançar-se a semelhantes episódios, consciente de que a realização de exame pericial seria impraticável, em virtude da celeridade que deve ser sempre imprimida à ação de segurança.

É imprescindível, portanto, que o juiz verifique – em virtude de outros fatos ou circunstâncias revelados nos autos, que possa legitimamente invocar – se a impugnação dos documentos possui um mínimo indispensável de consistência, de fundamento, para que, convencido disso, possa atribuir a essa impugnação eficácia elisiva da credibilidade dos documentos; persuadindo-se, todavia, de que a impugnação é graciosa, infundada, produto de mera velhacada, não deverá considerar infirmada a credibilidade dos documentos, aceitando-os, pois, como prova idônea dos fatos alegados.

---

(25) Obra cit., p. 238.

De qualquer forma, parece-nos inadmissível o incidente de falsidade, de que se ocupam os arts. 430 a 433 do CPC, pois sendo ínsito a ele o exame pericial (art. 432), isso implicaria uma tardança na apreciação da ação de segurança, o que seria afrontoso aos fins desta.

Pode suceder, todavia, que o documento imprescindível à comprovação do alegado se ache em repartição ou estabelecimento público, ou mesmo em poder de autoridade que se recuse a fornecê-lo por certidão, ou de terceiro; nesta hipótese, o juiz determinará, preliminarmente, por ofício, a exibição do documento, no original ou em cópia autêntica, fixando em dez dias o prazo para o cumprimento da ordem. Se a autoridade que tiver procedido desse modo for a própria coatora, a determinação deverá ser feita no mesmo instrumento da intimação. Incumbirá ao funcionário extrair cópias do documento para juntá-las à segunda via da petição (Lei n. 12.016/2009, art. 6.º, §§ 1.º e 2.º).

É elementar que caberá ao impetrante, na medida do seu interesse: a) comunicar ao juiz que o documento de que precisa se encontra em repartição ou estabelecimento público, ou em poder de autoridade que se recusa a fornecê-lo por certidão, ou de terceiro, e, em decorrência disso; b) requerer a exibição do documento, no original ou em cópia autêntica. Somente em situações raras, muito raras mesmo, encontrará o juiz ensejo para proceder *ex officio* neste tema. Não nos esqueçamos que o ônus da prova só diz respeito às partes.

O art. 6.º da Lei n. 12.016/2009, em verdade, trata de maneira simplificada da exibição de documento ou coisa, de que se ocupam os arts. 396 a 404 do CPC. Segue-se que o requerimento do impetrante deverá preencher os requisitos do art. 397 do CPC (individuação, tão completa quanto possível, do documento; a finalidade da prova, indicando os fatos que se relacionam com o documento; indicação das circunstâncias em que se baseia o requerente para afirmar que o documento existe e se acha em repartição ou estabelecimento público, ou em poder de autoridade que se recusa a fornecê-lo por certidão, ou de terceiro), embora a ordem judicial seja emitida mediante ofício e não sob a forma de mandado.

No caso de a autoridade que se recusa a fornecer o documento ser diversa da coatora, duas situações devem ser consideradas: a) mencionada autoridade pode pertencer aos quadros da pessoa jurídica de direito público a que se encontra vinculada a coatora; b) pode pertencer aos quadros de pessoa jurídica diversa. A solução, para ambos os casos, não será a mesma. Lá, sendo ré na ação de segurança a pessoa jurídica de direito público, esta é parte, e, conseguintemente, o procedimento a ser observado, para efeito de exibição do documento, é o descrito nos arts. 397 a 400 do CPC; aqui, a pessoa jurídica é havida como terceiro (uma vez que não participa da relação jurídica processual), motivo por que o procedimento será o estabelecido pelos arts. 360 a 362 do mesmo digesto processual, com possibilidade de ser designada audiência para o depoimento do terceiro, das partes e testemunhas, se o aludido "terceiro negar a obrigação de exibir, ou a posse do documento". Recusando-se o terceiro a efetuar a exibição, o juiz ou o relator determinará que proceda ao depósito do documento, no lugar designado, no prazo de cinco dias; eventual descumprimento dessa ordem sujeitará o terceiro a responder por crime de desobediência, sem prejuízo, é lógico, da apreensão do documento, mediante mandado específico.(26)Ao longo deste Capítulo, estivemos a asseverar que a prova, em processo de mandado de segurança, é sempre documental e, em regra, pré-constituída. Diante disso, como se interpreta a regra contida no art. 16 da Lei n. 12.016/2009 (que, de certo modo, reproduz a constante do art. 14 da Lei n. 1.533/1951), segundo a qual quando a competência para a ação de segurança for originária dos tribunais caberá ao relator a instrução do processo? Que instrução seria esta se – insistindo – a prova documental deve ser pré-constituída? Cremos que a instrução, no caso, esteja, basicamente, vinculada ao art. 6.º da Lei n. 12.016/2009, que prevê o procedimento a ser adotado quando o documento necessário à prova das alegações feitas pelo impetrante encontrar-se em repartição ou em estabelecimento público ou em poder de autoridade que se recuse a fornecê-lo por certidão, ou de terceiro. Não podemos ignorar, porém, o fato de as informações a serem prestadas pela autoridade apontada como coatora integrarem a *instrução* do processo de mandado de segurança.

(26) BARBI, Celso Agrícola. Obra cit., p. 241.

CAPÍTULO XX

PRIORIDADE NO JULGAMENTO

1. Comentário

Considerando que as pretensões que soem ser formuladas nas ações de mandado de segurança envolvem situações de direito líquido e certo lesado, ou na iminência de sofrer lesão grave, irreparável ou de difícil reparação, o procedimento deve ser célere, de forma a propiciar a entrega da respectiva prestação jurisdicional o quanto antes possível.

É, precisamente, em nome dessa necessidade de rápida resposta jurisdicional às pretensões da parte que o *mandamus* pode ser impetrado por telegrama, radiograma, fac-símile ou outro meio eletrônico de autenticidade comprovada (Lei n. 12.016/2009, art. 4.º, *caput*); que a autoridade apontada como coatora também poderá ser notificada por um desses meios (art. 4º, § 1.º); que não se admite o ingresso de litisconsorte ativo após a petição inicial haver sido despachada (Lei n. 12.016/2009, art. 10, § 2.º) etc.

Especialmente em relação à ação de mandado de segurança deve ser sempre tornada concreta a garantia contida no inciso LXXVIII do art. 5.º da Constituição Federal, de que "a todos, no âmbito judicial e administratvo, são assegurados a razoável duração do processo e os meios que garantam a celeridade de sua tramitação".

Levando em conta essa garantia constitucional e a necessidade de uma rápida resposta jurisdicional aos pedidos deduzidos na ação de mandado de segurança, o art. 20, *caput*, da Lei n. 12.016/2009 determina que os processos de mandado de segurança e os respectivos recursos tenham prioridade sobre todos os atos judiciais, excetuados os *habeas corpus*. Na verdade, a Lei n. 1.533/1951 já possuía disposição nesse sentido. Não é outro o motivo pelo qual: a) em primeiro grau de jurisdição, deferida a liminar, o processo terá prioridade de julgamento (Lei n. 12.016/2009, art. 7.º, § 4.º); b) nos tribunais, os processos de mandado de segurança deverão ser levados a julgamento na primeira sessão que se seguir à data em que forem conclusos ao relator (art. 7º, § 1.º), sendo certo que o prazo para a conclusão não poderá exceder a cinco dias (art. 7º, § 2.º). O prazo para a conclusão, na vigência da Lei n. 1.533/1951, era de 24 horas (art. 17, parágrafo único).

À luz desse justificável anseio de rapidez no julgamento das ações de mandado de segurança, não deixa de causar certa estranheza o fato de o *caput* do art. 12 da Lei n. 12.016/2009 haver elevado de cinco (Lei n. 1.533/1951, art. 10) para dez dias o prazo para o Ministério Público exarar parecer, e de cinco (Lei n. 1.533/1951, art. 10) para trinta dias o prazo para o juiz proferir a sentença (art. 10, parágrafo único); e o § 2.º do art. 20 da Lei n. 12.016/2009 haver passado para cinco dias o prazo para a conclusão dos autos ao juiz ou relator, que era de 24 horas, na vigência da Lei n. 1.533/1951 (art. 17, parágrafo único).

Todavia, a ampliação desses prazos atende aos interesses do Ministério Público e do Poder Judiciário, em regra assoberdados por um volume pletórico de causas. Parece-nos um pouco excessivo, porém, o prazo de trinta dias para o magistrado proferir sentença. Ocorre que o princípio vigorante no processo civil – e, por extensão, no processo do trabalho – é de que a sentença, nas causas em geral, deve ser emitida no prazo de dez dias (CPC, art. 189, II). Houve, por assim dizer, certa generosidade do legislador para com os magistrados, em sede de processo de mandado de segurança.

Antes de prosseguirmos, devemos indagar se não está a haver antinomia entre o § 4.º do art. 7.º e o art. 20 da Lei n. 12.016/2009, sabendo-se que o primeiro declara que "Deferida a liminar, o processo terá prioridade de julgamento", e o segundo, que "Os processos de mandado de segurança e os respectivos recursos terão prioridade sobre todos os atos judiciais, salvo *habeas corpus*"? A antinomia é, apenas, aparente. O que se deve entender é que os processos de mandado de segurança possuem prioridade em relação aos processos em geral, à exceção dos de *habeas corpus* (art. 20); todavia, nos processos de mandado de segurança, a prioridade no julgamento será daquele em que se tenha concedido a liminar (art. 7.º, § 4.º). Esta é a interpretação sistemática que nos parece correta.

Como fica, porém, a prioridade no julgamento das ações de mandado de segurança, assegurada pelo art. 20 da Lei n. 12.016/2009, diante dos arts. 1.048 do CPC e 71 da Lei n. 10.741/2003 (Estatuto do Idoso)? Estabelece o art. 1.048 do CPC: "Terão prioridade de tramitação, em qualquer juízo ou tribunal, os procedimentos judiciais: I – em que figure como parte ou interessado pessoa com idade igual ou superior a 60 (sessenta) anos ou portadora de doença grave, assim compreendida qualquer das enumeradas no art. 6º, inciso XIV, da Lei n. 7.713, de 22 de dezembro de 1988; II – regulados pela Lei n. 8.069, de 13 de julho de 1990 (Estatuto da Criança e do Adolescente)". Consta do art. 71 da Lei n. 10.741/2003: "É assegurada prioridade na tramitação dos processos e procedimentos e na execução dos atos e diligências judiciais em que figure como parte ou interveniente pessoa com idade igual ou superior a 60 (sessenta) anos, em qualquer instância. (...) § 5.º Dentre os processos de idosos, dar-se-á prioridade especial aos maiores de oitenta anos".

Os portadores de doença grave, nos termos do art. 6.º, XIV, da Lei n. 7.713, de 22 de dezembro de 1988, compreendem "os portadores de moléstia profissional, tuberculose ativa, alienação mental, esclerose múltipla, neoplasia maligna, cegueira, hanseníase, paralisia irreversível e incapacitante, cardiopatia grave, doença de Parkinson, espondiloartrose anquilosante, nefropatia grave, hepatopatia grave, estados avançados da doença de Paget (osteíte deformante), contaminação por radiação, síndrome da imunodeficiência adquirida, com base em conclusão da medicina especializada, mesmo que a doença tenha sido contraída depois da aposentadoria ou reforma".

Por outro lado, não se pode deixar de reconhecer, *em princípio*, a preeminência da Lei n. 10.741/2003 (Estatuto do Idoso) em face do art. 20 da Lei n. 12.016/2009. Embora esta última norma legal seja cronologicamente posterior àquela, a prevalência da Lei n. 10.741/2003 decorre do fato de ser norma específica, fundada no elemento etário – que tem apoio constitucional (CF, arts. 203, I, 229 e 230).

Na prática, todavia, não será facilmente aplicável este critério. Digamos que uma pessoa com 59 anos de idade ingressa com ação trabalhista (procedimento ordinário) e, no mesmo momento, outra, com 40 anos, impetra mandado de segurança contra ato do Delegado Regional do Trabalho. Embora, nesse exemplo, aquela tenha idade muito superior a esta, a prioridade no julgamento será do mandado de segurança. Seria insensato imaginar que a ação mandamental devesse ser julgada após a ação trabalhista ("reclamação"), cujo procedimento, por ser ordinário, consumiria um longo período de tempo, em detrimento da necessidade de um julgamento rápido da ação mandamental.

Enfim, no cotejo entre o disposto no art. 20 da Lei n. 12.016/2009 e no art. 71 da Lei n. 10.741/2003, embora, em princípio, a prevalência deva ser do critério estabelecido por esta (idade), isso não significa dizer que diante de certas situações particulares não se possa fazer uso do critério do bom senso, de forma a fazer com que a prevalência seja da primeira norma legal referida (ação mandamental).

Cumpre-nos registrar, ainda, o fato de a Lei n. 10.741/2003 haver sido alterada pela Lei n. 13.466, de 12.07.2017, cujo art. 3.º, § 2.º, passou a dispor: "Dentre os idosos, é assegurada prioridade especial aos maiores de oitenta anos, atendendo-se suas necessidades sempre preferencialmente em relação aos demais idosos."

CAPÍTULO XXI

A DECISÃO

1. Natureza jurídica

Não há um consenso doutrinal quanto à natureza jurídica da decisão (sentença ou acórdão) que aprecia a ação de segurança. Para Lopes da Costa, é constitutiva quando anula o ato impugnado, e mandamental quando se destina a uma prestação, por não se admitir execução direta contra o Estado.[27] Victor Nunes Leal a considera constitutiva ou condenatória, conforme for o caso, negando-lhe, porém, a natureza declaratória.[28] Pontes de Miranda, por sua parte, não lhe reconhece o traço condenatório, preferindo realçar o efeito mandamental, sem excluir a possibilidade de ser também declaratória e constitutiva.[29] Em atitude mais larga, Luís Eulálio de Bueno Vidigal admite que o acórdão pode ter natureza declaratória, constitutiva ou condenatória.[30]Tínhamos, de longa data, nos recusado a reconhecer a existência de uma classe autônoma de pronunciamentos jurisdicionais a que se pudesse chamar de mandamentais. Cabe-nos registrar que Kuttner, colocando à frente os efeitos da sentença, conceituou como mandamentais todas as ações em que o juiz, sem decidir sobre a relação de direito privado, emite a outro órgão estatal (autoridade pública coatora) uma ordem para praticar determinado ato ou abster-se de algum ato, independentemente de juízo de execução.[31] Para Goldschmidt, a sentença do tipo mandamental traz: a) a declaração da existência do direito alegado; b) uma ordem ou determinação dirigida a uma autoridade.[32]Para nós, o fato de a sentença conter uma ordem para que a autoridade pública pratique um ato ou se abstenha de fazê-lo não constituía razão jurídica bastante para atribuir-lhe o *status* de categoria autônoma, que devesse formar ao lado das clássicas declaratórias, constitutivas e condenatórias. Uma sentença tipicamente condenatória, p. ex., encerra, muitas vezes, uma ordem, uma determinação a ser cumprida pelo réu, sem que essa

---

(27) *Direito processual civil brasileiro* cit., p. 431.

(28) *Problemas de direito público*. Rio de Janeiro: Forense, 1960, p. 444.

(29) Obra cit., p. 180-181.

(30) *Mandado de segurança*. São Paulo, 1953, p. 130-131.

(31) GOLDSCHMIDT, James. *Derecho procesal civil*. Barcelona, 1936, p. 113.

(32) *Ibidem*, p. 114.

particularidade a transforme em "mandamental", argumentávamos. Nas ações de segurança – e isso era relevante sublinhar –, o mandado provém, na verdade, de uma condenação imposta à pessoa jurídica de direito público à qual se encontra vinculada a autoridade coatora. Em razão disso, dizíamos que se deveria abandonar, em definitivo, a ideia da existência de uma classe de sentenças mandamentais, pois estas nada mais representavam do que emanações particulares das condenatórias.

Não nos impressionava, por outro lado, o argumento de que a sentença seria mandamental quando tendesse a uma prestação, porquanto não se admite a execução direta contra o Estado. Ora, a singularidade de, em alguns casos, não ser possível a execução direta do pronunciamento jurisdicional não significava negar a sua natureza condenatória. Mesmo entre particulares, há casos em que a execução da sentença encontra limitações, como se dá, *e.g.*, nas obrigações de fazer, infungíveis.

Sempre, pois, que o objetivo do *mandamus* fosse a prática de um ato, ou a abstenção, a sentença seria condenatória (a um fazer ou não fazer).

Com o passar do tempo, acabamos por admitir – ainda que com alguma restrição – a existência de ações mandamentais, caracterizadas por uma ordem judicial que basta a si mesma, não necessitando, portanto, de uma posterior fase de execução, ao contrário, portanto, do que se dá com as ações (e consequentes) sentenças tipicamente condenatórias.

Poderia, entretanto, uma sentença proferida em ação de segurança ser declaratória ou constitutiva?

Antes de nos manifestarmos a respeito do assunto, devemos lembrar que sentença declaratória é a que proclama a existência, a inexistência ou o modo de ser de uma relação jurídica (CPC, art. 19, I), a autenticidade ou a falsidade de documento (art. 19, II), mesmo que já tenha ocorrido a lesão do direito (art. 20). Se, no curso do processo, tornar-se litigiosa relação jurídica material, de cuja existência ou inexistência depender o julgamento da ação, qualquer das partes poderá requerer que o juiz emita sentença declaratória incidental sobre esse ponto. Sob certo aspecto, toda sentença é declaratória, pois o pronunciamento jurisdicional, do qual ela é instrumento específico, encerra sempre uma declaração de direito, que traduz a vontade da lei aplicada ao caso concreto. Quando, pois, se fala de sentença declaratória, o que se tem em conta é a declaração como um fim em si mesma, ou seja, desvinculada de qualquer efeito marcadamente condenatório ou constitutivo. Sentença constitutiva é a que cria, modifica ou extingue uma relação jurídica, alterando, dessa maneira, o estado jurídico existente. Não se pode negar, contudo, uma certa "carga" de declaração nessa espécie de sentença – como nas demais, segundo dissemos. A diferença entre as sentenças constitutivas e as declaratórias está em que aquelas apresentam, em relação a estas, um *plus* consistente no estabelecimento de uma nova relação jurídica, ou mesmo na alteração ou extinção da existente. Assim, enquanto nas sentenças declaratórias se afirma a existência ou inexistência de relação jurídica ou a falsidade ou autenticidade de documentos, nas constitutivas se encontram (além de uma declaração de certeza quanto à preexistência do direito alegado) também as condições exigidas para a criação da relação jurídica, sua modificação ou extinção. Note-se que essa sentença não cria o direito, senão que proclama a *preexistência* do direito, do qual, por sua vez, decorrem os efeitos previstos no ordenamento jurídico. São pressupostos da sentença constitutiva: a) um fato que constitua, salvo exceções, uma relação jurídica de caráter privado; b) a existência de fundamento capaz de produzir a constituição; c) que a constituição somente possa ser obtida mediante sentença.

Revistos os conceitos de sentença declaratória e de sentença constitutiva, vejamos agora se as proferidas nas ações de segurança podem ter essas naturezas.

Pela nossa parte, julgamos que sim. Tudo dependerá do pedido que tenha sido formulado pelo impetrante: se o que pediu foi a "anulação" do ato, a sentença ou o acórdão, que o acolher, será sem dúvida constitutivo porque estará modificando ou extinguindo uma relação jurídica; se o pedido se dirigia à obtenção de um provimento jurisdicional que se limitasse a reconhecer a nulidade do ato, a sentença seria de natureza essencialmente declaratória. Nesse caso, a declaração da nulidade constituiria o objeto único do acórdão.

Em resumo, a natureza da decisão prolatada na ação de segurança decorrerá do pedido feito pelo impetrante, podendo, por isso, ser condenatória, declaratória ou constitutiva. Essa natureza não difere, pois, da que é característica dos demais pronunciamentos da jurisdição.

2. Questões antecedentes ao mérito

O objetivo do impetrante é fazer com que o juiz ou o tribunal aprecie o mérito da ação e lhe conceda a segurança solicitada. Muitas vezes, porém, o órgão jurisdicional, antes de compor a lide, propriamente dita, deve examinar determinadas questões (que podem ter sido suscitadas em momentos diversos) – que poderíamos denominar de pressupostos para a investigação do mérito.

Dessa maneira, deverá verificar, p. ex., se a autoridade coatora foi regularmente notificada para prestar informações; se não há incompetência absoluta do juízo, inépcia da petição inicial, perempção, litispendência, coisa julgada, conexão; se não ocorre incapacidade da parte, defeito de representação; se o impetrante não é carecedor da ação etc.; enfim, se está livre o caminho para a prospecção do *meritum causae*.

Algumas dessas questões o juiz ou o relator ou o tribunal tem condições de constatar mediante o manuseio dos autos (como a incompetência absoluta, a inépcia da inicial, o defeito de representação, a carência da ação); outras, contudo, só poderão ser apreciadas se a sua existência for comunicada ao juízo (como a litispendência, a coisa julgada, a conexão). Devemos ressaltar que não estamos asseverando que algumas dessas questões podem ser conhecidas *ex officio* e outras, não. O que estamos a dizer é que, em alguns casos, o juiz tem como constatá-las nos próprios autos da ação de segurança e, em outras, ditas questões, para serem apreciadas, têm de ser levadas ao conhecimento do juízo por algum meio de informação.

A ausência desses pressupostos ocasionará a extinção do processo sem resolução do mérito (CPC, art. 485).

Quem poderia, no entanto, comunicar ao juízo a existência dessas questões que impedem o ingresso na apreciação do mérito, sabendo-se que, na ação de segurança, não há, em rigor, um "réu"? Não hesitamos em responder que a própria autoridade coatora, em certas situações, pode efetuar essa comunicação. Digamos, à guisa de ilustração, que essa autoridade, ao prestar informações ao relator, dê-lhe ciência de que revogou o ato que deu origem à impetração da segurança, fazendo prova disso. Nesse caso, o impetrante deverá ser declarado carecente da ação, porquanto deixou de existir o indispensável interesse processual, que lhe motivara o ingresso em juízo (CPC, art. 17). Com efeito, se a lesão de seu direito subjetivo líquido e certo foi reparada (ou a ameaça, afastada) por iniciativa da autoridade apontada como coatora, é elementar que ele já não possui interesse na obtenção da tutela jurisdicional anteriormente invocada: daí a carência da ação.

Extinção do processo, sem pronunciamento sobre mérito, haverá também quando o impetrante deixar de promover a citação dos litisconsortes (passivos) necessários (CPC, art. 114).

3. O exame do mérito

Resolvidas todas as questões antecedentes (sem extinção do processo) ou inexistentes estas, o órgão jurisdicional deverá passar à investigação do mérito. O primeiro passo que lhe caberá dar nesse sentido será quanto à existência dos fatos alegados pelo impetrante, ou melhor, quanto à certeza acerca dessa existência. Se essa certeza não se evidenciar, instaurando-se dúvida razoável no espírito do juiz ou do tribunal quanto a tais fatos, não estará configurada a liquidez e a certeza do direito subjetivo invocado pelo postulante da segurança, cuja consequência será a denegação do *mandamus*. Se, ao contrário, houver certeza acerca desses fatos, incumbirá ao juiz ou ao tribunal ingressar no exame do direito, procurando saber se a ordem jurídica atribui, ou não, ao impetrante o bem ou a utilidade da vida desejados. Conforme seja o convencimento do órgão jurisdicional, o *writ* será concedido ou negado.

Quando, pois, o juiz ou o tribunal adentra no exame do *meritum causae*, dois resultados, entre si excludentes, podem daí decorrer: a concessão ou denegação do mandado de segurança. Como foi dito, no caso de denegação da medida, esta poderá derivar de causas distintas:

a) a incerteza dos fatos narrados pelo impetrante, que impediu o juiz de apreciar a existência ou inexistência do direito líquido e certo;

b) a certeza daqueles fatos, que permitiu o exame do direito subjetivo, embora tenha o órgão jurisdicional concluído pela inexistência desse direito. Como diz Celso Agrícola Barbi, "na primeira hipótese, não havia direito líquido e certo; eventualmente, poderia existir o direito subjetivo do autor, mas sem a característica de certeza exigida para essa via processual; na segunda hipótese, a conclusão do julgador é que o bem pretendido pelo autor não lhe foi atribuído pelo ordenamento juridico".[33]

Na visão peculiar de Seabra Fagundes, na ação de segurança, o pedido que se formula é para que seja declarado o impetrante titular de direito líquido e certo, motivo por que "Decidir que o impetrante não tem o direito líquido e certo que invoca nem qualquer outro direito, é decidir invertendo o pedido contra o autor e ultrapassando o conteúdo natural da situação contenciosa ajuizada".[34] Prossegue o festejado jurista, asseverando que, a não se entender desse modo, o impetrante correria o risco de se ver privado de poder melhor demonstrar e provar a sua pretensão, por ter utilizado a via sumaríssima do *mandamus*: "E a invocação da certeza e liquidez do direito acabaria resultando num pronunciamento irretratável de uma justiça mal informada".[35]

A opinião de Seabra Fagundes parece estar em perfeita conformidade com a Súmula n. 304 do Supremo Tribunal Federal, assim redigida: "Decisão denegatória de mandado de segurança, não fazendo coisa julgada contra o impetrante; não impede o uso da ação própria". O enunciado dessa Súmula peca, entretanto, por sua generalidade. Quando o órgão jurisdicional denega o *mandamus* em virtude de alguma questão antecedente (litispendência, coisa julgada, carência da ação etc.) ou da incerteza quanto aos fatos (que impediu o exame do direito subjetivo), é elementar que não se forma a *res iudicata* contra o impetrante, razão por que este poderá fazer valer o seu direito subjetivo (ou pretender o reconhecimento da existência desse direito) mediante o uso de outra ação, que

---

(33) Obra cit., p. 255.
(34) Obra cit., p. 349.
(35) *Idem*.

não seja a de segurança. Sob esse ângulo, a propósito, é que se deve interpretar a regra contida no art. 19 da Lei n. 12.016/2009, de que "A sentença ou o acórdão que denegar mandado de segurança, sem decidir o mérito, não impedirá que o requerente, por meio de ação própria, pleiteie os seus direitos e os respectivos efeitos patrimoniais". Regra análoga constava do art. 15 da Lei n. 1.533/1951. A esse respeito estabelece a Súmula n. 304 do STF: "Decisão denegatória de mandado de segurança, não fazendo coisa julgada contra o impetrante, não impede o uso da ação própria".

Explicita o art. 16 dessa mesma norma legal que o pedido de concessão do *writ* poderá ser renovado se a decisão denegatória não lhe houver apreciado o mérito. Essa regra corresponde, *mutatis mutandis*, como se percebe, à inscrita no art. 486 do CPC. Quando, porém, o juiz ou o tribunal aprecia o mérito e conclui pela inexistência do direito subjetivo invocado pelo impetrante, não podemos deixar de reconhecer que, nesse caso, formar-se-á contra este a coisa julgada material, de forma a impedi-lo de alegar esse direito em qualquer outra ação (CPC, art. 502).

Dessas conclusões extrai-se, naturalmente, uma outra: se o juízo apreciar o mérito da ação de segurança, a decisão (sentença ou acórdão) poderá ser objeto de ação rescisória, desde que presente uma das causas previstas no art. 966, I a VIII, do CPC. Se não houve prospecção do mérito, em princípio, vedado estará o acesso à via rescisória, podendo o interessado ajuizar, novamente, a ação de segurança ou mesmo outra, que julgue adequada para postular o reconhecimento do seu direito. Dissemos *em princípio* porque, em inovação encomiástica, o § 2.º do art. 966 do CPC admite o uso da ação rescisória para desconstituir decisão transitada em julgado *que não tenha examinado o mérito*, desde que a decisão impeça: a) o novo ajuizamento da ação; ou b) a admissibilidade do recurso correspondente.

Não nos impressiona, por outro lado, o argumento de Seabra Fagundes de que a possibilidade de formar-se contra o impetrante a coisa julgada material faria com que ele se submetesse ao risco de "se ver privado de melhor demonstrar e provar a sua pretensão, por haver feito uso da ação de segurança, com seu procedimento sumaríssimo".[36] Ora, o prazo de cento e vinte dias de que dispõe o interessado para ajuizar a ação de segurança permite-lhe, sem dúvida, coligir a prova (documental) indispensável da existência de seu direito, inclusive com os atributos de liquidez e certeza. Assim, quando o órgão jurisdicional declara não possuir o impetrante o direito subjetivo alegado (e nenhum outro), seria desarrazoado imaginar que, posteriormente a esse pronunciamento da jurisdição, o autor pudesse invocar, uma vez mais, a tutela estatal para pleitear, ainda que em ação de natureza diversa, um direito já afirmado inexistente.

---

(36) *Idem.*

Posição singular assumiu também Luís Eulálio de Bueno Vidigal ao sustentar que o *mandamus* é o remédio de que se socorre o particular para tornar sem efeito as medidas de execução, possessórias ou acautelatórias, que à Administração Pública é lícito efetivar, sem intervenção judicial,(37) arrematando que o mandado de segurança representa o antídoto dessas medidas.(38)O que assevera o eminente jurista, pois, é que o *writ* serviria como medida cautelar, destinada a subtrair a executoriedade dos atos praticados pela Administração, sem prejuízo de serem discutidas mais tarde, no juízo competente, todas as questões suscitadas na ação de segurança.

Divergimos, frontalmente, desse ponto de vista. Enquanto, nas ações cautelares típicas, basta a simples aparência do direito (*fumus boni iuris*), como pressuposto para a outorga da medida, na ação de segurança exige-se a liquidez e a certeza do direito subjetivo invocado pelo impetrante. Ademais, em muitos casos, as medidas cautelares são dependentes de outro processo; podem ser concedidas, liminarmente, sem audiência da parte contrária (CPC, art. 300, § 2.º) e trazem a marca da provisoriedade (exceto no caso do art. 304 do CPC); já o mandado característico da ação de segurança não depende de nenhum outro processo; não pode ser deferido sem audiência da autoridade coatora e são permanentes os seus efeitos, exceto se o *writ* vier a ser cassado ou for extinta a ação. Enfim, a ação de segurança não pode ser considerada ação cautelar, sob pena de grave comprometimento dos pressupostos que lhes são próprios e inconfundíveis – embora mantenhamos nosso parecer, manifestado em páginas transatas, de que a liminar assecuratória possui caráter cautelar.

Em primeiro grau de jurisdição, concedido o mandado de segurança, o magistrado deverá transmitir em ofício, por intermédio de oficial de justiça do juízo, ou pelo correio (nesse caso, mediante correspondênca com aviso de recebimento), o inteiro teor da sentença à autoridade coatora e à pessoa jurídica interessada (Lei n. 12.016/2009, art. 13). A Lei n 1.533/1951 fazia uso da expressão "julgado procedente o pedido" (art. 11), impropriedade que foi corrigida pela Lei n. 12.1066/2009. Ocorre que, em rigor, todo pedido *procede*, pois *proceder* significa provir de algum lugar, originar-se de algo. É evidente que, sob esse aspecto, o pedido sempre será *procedende*, pois terá origem na petição da parte. Na verdade, os pedidos formulados em juízo são acolhidos ou rejeitados, como declaram o arts. 487, I, e 490 do CPC.

Outra observação a ser feita é quanto ao fato de o art. 13 da Lei n. 12.016/2009 mandar notificar – da decisão concessiva da segurnça – não apenas a autoridade coatora, mas a pessoa jurídica interessada. Ainda: embora a norma legal em questão faça referência, apenas, à sentença, é elementar que o mesmo princípio

---

(37) Obra cit., p. 199-200.
(38) *Idem*.

deverá ser atendido quando se tratar de ação mandamental da competência originária dos tribunais, caso em que não haverá sentença, e, sim, acórdão (CPC, art. 204). O envio do acórdão será feito pelo correio, mediante registro, pois no âmbito dos tribunais não funcionam oficiais de justiça.

De outro lado, esclarece o art. 17 da Lei n. 12.016/2009 que se o acórdão (trata-se, pois, de decisão proferida no âmbito dos tribunais) proferido em mandado de segurança e nos respectivos recursos não for publicado no prazo de trinta dias, contado da data do julgamento, será substituído pelas correspondentes notas taquigráficas, independentemente de revisão. Visa a norma legal, com isso, a impedir que a pessoa que pretende recorrer do acórdão fique prejudicada pela demora na publicação do aresto. É razoável presumir que este dispositivo de lei venha, no âmbito da Justiça Comum, apresentar algumas dificuldades de ordem prática, atinentes à sua aplicação. Em primeiro lugar, poderão ocorrer problemas quanto à determinação de qual seja o *dies a quo*, para efeito de interposição de recurso; em segundo, ter-se-á de encontrar argumentos capazes de reconhecer a possibilidade de serem objeto de execução meras notas taquigráficas. Talvez seja o caso de permitir-se a substituição dessas notas pelo acórdão, quando este for publicado. Assim, embora as notas taquigráficas, nos termos da Lei, substituam o acórdão, este, quando publicado, substituirá aquelas. Nos sítios do processo do trabalho, as dificuldades pertinentes à aplicação do art. 17 da Lei n. 12.016/2009 tenderão a ser bem menores, pois, aqui, já existe o precedente do art. 895, § 1.º, IV, da CLT, segundo o qual nas ações sujeitas ao procedimento sumaríssimo, o recurso ordinário "terá acórdão consistente unicamente na certidão de julgamento, com a indicação suficiente do processo e parte dispositiva, e das razões de decidir do voto prevalente (...) (*sic*)". Não há o vocábulo *prevalent*e, e, sim, o *prevalecente*.

4. Crime de desobediência

O art. 26 da Lei n. 12.016/2009 declara constituir crime de desobediência (CP, art. 330) o "não cumprimento das decisões proferidas em mandado de segurança, sem prejuízo das sanções administrativas e da aplicação da Lei n. 1.079, de 10 de abril de 1950, quando cabíveis".

O crime de desobediência, previsto no art. 330 do Código Penal, está inserido na classe ou grupo dos "Crimes praticados por particular contra a administração em geral". O *sujeito ativo* deste crime é aquele que desobece a ordem legal de funcionário público; a *ação física* consiste na desobediência, que pode estar materializada em um ato ou uma omissão; o *dolo* se traduz na vontade livre e consciente de não obedecer a ordem; a *consumação* ocorre no momento da desobediência.

Anteriormente, em razão do silêncio da Lei n. 1.533/1951, havia uma tendência da doutrina e da própra jurisprudência de classificar o não atendimento às ordens judiciais como crime de *prevaricação,* assim definido pelo art. 319 do Código Penal: "Retardar ou deixar de praticar, indevidamente, ato de ofício, ou praticá-lo contra disposição expressa de lei, para satisfazer interesse ou sentimento pessoal". Com o advento da Lei n. 12.016/2009, contudo, o crime foi definido como de *desobediência.* Isso significa dizer que a precitada norma legal consagrou o *contempt court* como um ilícito penal.

Desse modo, se a autoridade coatora deixar de atender, sem justo motivo, ao cumprimento de decisão proferida em processo de mandado de segurança, cumprirá ao juiz de primeiro grau ou ao relator no tribunal oficiar ao Ministério Público, a fim de que este ofereça denúncia. O juiz do trabalho não possui competência em matéria penal, de acordo com o que decidiu o STF, na ADI 3.684-0 (DJU de 03.08.2007), ao conceder medida liminar, com efeito *ex tunc,* e dar esta interpretação conforme: *"o disposto no art. 114, incs. I, IV e IX, da Constituição da República, não atribui à Justiça do Trabalho competência para processar a julgar ações penais"* (destacamos). No que esteve certo.

CAPÍTULO XXII

HONORÁRIOS DE ADVOGADO

1. Comentário

O substantivo *honorário* é oriundo do latim *honorarium* e traduz tudo aquilo que é concedido "a título de honor". No campo jurídico, significa o valor, a quantia que se paga a um profissional (médico, advogado, engenheiro) como retribuição pelos serviços prestados.

Já o adjetivo *advocatício*, que se costuma pospor àquele substantivo, embora se encontre amplamente consagrado pela doutrina, pela jurisprudência e pela própria legislação, não possui previsão léxica, tratando-se, por isso, de neologismo; que deve ser mantido, completemos.

Nos termos do art. 85 do CPC, esses honorários devem ser pagos pelo vencido ao vencedor, ainda que este esteja atuando em causa própria, cuja condenação será imposta – como de regra – pela sentença.

Estabelece, contudo, a Súmula n. 512 do Supremo Tribunal Federal que "Não cabe condenação em honorários de advogado na ação de Mandado de Segurança". Preservando a orientação jurisprudencial espelhada na referida Súmula, o Min. Moreira Alves, funcionando como relator nos autos do RE 85.950-RG, argumentou que: a) o princípio da sucumbência não é aplicável à ação de segurança, porquanto inexistem aqui autor, réu e parte vencida; b) mesmo na vigência do CPC de 1973 continuava intacta a Súmula 512, do Excelso Pretório; c) o art. 20 desse estatuto processual não fazia referência expressa à ação de segurança; c) a Lei n. 1.533/1951 não cogitava da condenação da autoridade coatora ao pagamento de honorários de advogado, acrescentando que tal autoridade não poderia ser considerada parte; e) a Lei n. 6.014, de 27 de dezembro de 1973, que adaptou ao CPC de 1973 as leis que mencionava (inclusive a de n. 1.533/1951), não fazia nenhuma alusão aos honorários de advogado na ação de segurança. O insigne Ministro admitiu, porém, a aplicação supletiva do CPC, conquanto restrita aos casos previstos naquele álbum processual, como, *v.g.*, o do litisconsórcio.[39]Ao tempo em que esteve

(39) In *RTJ*, 81:642-643.

a viger a Lei n. 1.533/1951, sustentamos o ponto de vista de que a orientação jurisprudencial compendiada pela Súmula n. 512 do Supremo Tribunal Federal deveria ser reformulada, parcialmente, para admitir a condenação do vencido, em ação de segurança, ao pagamento de honorários de advogado ao vencedor.

Eram estas as razões que nos levaram a tal conclusão:

a) o fato de a Lei n. 1.533/1951 não prever, realmente, a condenação do vencido ao pagamento da verba de honorários ao vencedor não significava, necessariamente, que esse silêncio deveria ser interpretado como um veto à condenação quanto a isso. A falta de previsão da Lei n. 1.533/1951 parecia, na verdade, haver decorrido de inadvertência do legislador de 1953, que, raras exceções à parte, se limitou a reproduzir as disposições dos art. 319 a 331 do CPC de 1939, que regulavam a ação de segurança. Nesses artigos, não se referia a possibilidade de condenação do vencido ao pagamento de honorários de advogado porque essa possibilidade estava sistematicamente prevista no art. 64, *caput*, daquele digesto processual. Dessa forma, não se teria dado conta o legislador de 1953 que ao trasladar as normas do CPC de 1939 sobre ação de segurança acabara por deixar um vazio quanto a ditos honorários;

b) se as disposições da Lei n. 1.533/1951 eram suplementadas pelas normas e princípios gerais contidos no Código de Processo Civil (competência, legitimidade, interesse processual, capacidade processual, representação por advogado, requisitos para a validade da petição inicial, impedimento e suspeição do juiz, critério para a contagem dos prazos, formação, suspensão e extinção do processo, requisitos para a validade formal da sentença ou do acórdão etc.), não havia razão lógica ou jurídica para que se negasse a aplicação do art. 20 (atual art. 85 do CPC de 2015) desse Código à ação de segurança;

c) conquanto a autoridade coatora não pudesse, efetivamente, ser considerada parte, não podíamos nos esquecer de que o art. 37, § 6.º, da Constituição Federal, vigente à época, declarava que "As pessoas jurídicas de direito público e as de direito privado prestadoras de serviços públicos responderão pelos danos que seus agentes, nessa qualidade, causarem a terceiros...". Assim, seria no mínimo injusto que o particular, prejudicado em seu direito líquido e certo por ato ilegal ou abusivo de autoridade, tivesse de contratar advogado para postular em juízo a correspondente reparação e, mesmo sendo vencedor na causa, não pudesse ser reembolsado dos honorários que teve de pagar ao seu procurador judicial.

Por tudo isso, julgávamos que não poderia ser considerada contrária à lei a sentença (ou acórdão) que condenasse o vencido a pagar ao vencedor honorários de advogado, em ação de segurança na qual figurasse como autoridade coatora pessoa jurídica.

A única restrição que fazíamos à condenação ao pagamento desses honorários era quando o mandado de segurança fosse impetrado contra ato *jurisdicional*. Nesse caso, seria insensato imaginar que, concedido o *mandamus*, devesse o juiz (como autoridade coatora) ser condenado ao pagamento de honorários ao impetrante. Se o magistrado tivesse agido mediante dolo ou fraude, ou recusado, omitido ou retardado, sem justo motivo, providência que devesse ordenar de ofício, ou a requerimento do interessado (CPC, art. 143), ainda assim os honorários não seriam por ele devidos na ação de segurança e, sim, na ação própria, que fosse ajuizada pelo interessado (impetrante) para haver perdas e danos.

Essa a razão pela qual afirmávamos que o teor da Súmula n. 512 do Supremo Tribunal Federal deveria ser parcialmente reformulado, para permitir a condenação do vencido ao pagamento de honorários de advogado ao vencedor, quando o ato impugnado tivesse sido praticado pela Administração (nunca, pela Magistratura).

Impor aos magistrados a condenação ao pagamento de tais honorários, em decorrência de atos que realizassem na qualidade de condutores do processo, seria criar perigoso constrangimento ao exercício das funções jurisdicionais.

A questão relativa à possibilidade de condenar-se o vencido a pagar ao vencedor, em ação de segurança, honorários de advogado tinha, contudo, os seus contornos alterados quando transportada para o terreno do processo do trabalho. Ainda que, nesse processo, a referida possibilidade viesse a ser admitida, a sua ocorrência estaria circunscrita aos casos em que o impetrante (trabalhador) recebesse salário inferior ao dobro do mínimo legal, ou, se excedente a esse limite, comprovasse não possuir condições financeiras de demandar em juízo sem detrimento pessoal ou familiar (Lei n. 5.584/1970, art. 14, § 1.º). Além disso, se o trabalhador ficasse vencido na ação de segurança, não responderia por honorários de advogado, pois qualquer condenação nesse sentido contrariaria o espírito e a letra da norma legal supracitada.

E reiterávamos: em nenhuma hipótese seriam devidos esses honorários quando a autoridade coatora fosse um magistrado, pelos motivos já expostos.

Nas demais situações em que fossem devidos, poderiam ser executados nos próprios autos da ação de segurança.

E arrematávamos o nosso pensamento, observando que a Constituição em vigor atribui às organizações sindicais (e também às entidades de classe ou associações legalmente constituídas e em funcionamento há, pelo menos, um ano) legitimidade para impetrar mandado de segurança coletivo "em defesa dos interesses de seus membros ou associados" (art 5.º, LXX, *b*). Destarte, agiriam na qualidade de substitutas processuais e, se atendidos os requisitos da Lei n. 5.584/1970 (art. 14), poderiam receber do vencido honorários de advogado (Súmula n. 220 do TST), desde que a decisão os impusesse. Para isso, seria necessário que essas organizações relacionassem na inicial os nomes e os salários dos substituídos. Posteriormente, a Súmula n. 220 do TST foi cancelada.

Para além disso, sobreveio uma nova realidade normativa, que nos fez mudar a antiga opinião a respeito do assunto.

Ocorre que a Lei n. 12.016/2009 – que revogou, de maneira expressa (art. 29), a Lei n. 1.533/'951 – dispõe em seu art. 25: "*Não cabem, no processo de mandado de segurança, a interposição de embargos infringentes e a condenação ao pagamento dos honorários advocatícios*" (destacamos). Desse modo, se, no passado, a lacuna da Lei n. 1.533/1951 nos propiciava margem para sugerir a modificação da Súmula n. 512 do STF, que declarava (a ainda declara) serem indevidos honorários de advogado na ação de mandado de segurança, hoje, essa lacuna inexiste, pois, como dissemos, a Lei n. 12.016/2009 contém norma expressa sobre o tema.

Assim, conquanto o não pagamento de honorários de advogado, em ação mandamental, quando a autoridade coatora for órgão da Administração, seja algo injusto, não se pode negar que está amparado em lei. E a referência ao inciso II do art. 5.º da Constituição Federal é inevitável: ninguém será obrigado a fazer ou deixar de fazer alguma coisa senão em virtude de lei. Este é o princípio da *legalidade* (ou da *reserva legal*), que constitui uma das vigas de sustentação de nosso Estado Democrático de Direito. E, atualmente, como vimos, a lei veda a condenação ao pagamento de honorários de advogado em ação de mandado de segurança.

Pensamos, no entanto, ser cabível – por exceção – a condenação ao pagamento de honorários de advogado no caso de manifesta litigância má-fé (CPC, arts. 79 e 80). É preciso lembrar que o processo, como método, técnica ou instrumento de que se utiliza o Estado para solucionar os conflitos de interesses ocorrentes entre os indivíduos e as coletividades, é dotado de um conteúdo ético. A transgressão desse conteúdo configura a litigância de má-fé, a que se refere o art. 79 do CPC, e deflagra, contra este, as sanções previstas no art. 80 do mesmo Código. Por esse motivo, não vemos razão jurídica, nem ética, para excluir-se do campo de incidência desses dispositivos legais aquele que, em processso de mandado de segurança (seja individual, seja coletivo), age com evidente má-fé. Com o pronome *aquele* queremos designar tanto o impetrante quanto a pessoa jurídicia de direito público interessada ou a pessoa jurídica no exercício de atribuições do Poder Público (Lei n. 12.016/2009, art. 1.º, § 1.º). A incidência do art. 80 do CPC, em particular, não estaria, no caso, restrita aos honorários de advogado, compreendendo, isto sim, as demais sanções previstas neste normativo, quando fosse o caso.

CAPÍTULO XXIII

COISA JULGADA

1. Generalidades

Doutrina e jurisprudência apegaram-se à expressão *coisa julgada*, que também está no gosto dos legisladores mais recentes. A locução *caso julgado* (que é igualmente mencionada pela Lei de Introdução às Normas do Direito Brasileiro, art. 6.º, § 3.º), embora seja eufonicamente melhor e didaticamente mais apropriada, ficou no esquecimento.

O fenômeno da coisa julgada é de grande *importância para o estudo dos pronunciamentos jurisdicionais decisórios e da eficácia que lhes é inerente*. Saliente-se, contudo, que a *res iudicata* não é efeito, mas qualidade da sentença.

A eficácia da sentença não se faz sentir ato contínuo à sua publicação e sim quando ela não mais for passível de recurso, salvo se a sentença for daquelas irrecorríveis, hipótese em que a sua eficácia será liberada imediatamente à publicação. Com base nessa particularidade, podemos dizer que a sentença, considerada em si mesma, constitui uma espécie de ato de eficácia subordinada a evento futuro, ou seja, à ausência de impugnação pela via recursal ou ao exaurimento dessa via. Dizendo-se por outro modo: a sentença ainda sujeita a recurso é ato pendente de condição suspensiva. Assim o é porque esse ato da jurisdição pode ser modificado pelo recurso que dele se interpuser. Sentença suscetível de recurso, portanto, nada mais é do que uma *situação jurídica*. Esgotado, no entanto, o prazo para impugnação de recurso, ela adquire o atributo da imutabilidade, que vem da *res iudicata*.

Não se pode contestar o fato de que a existência de diversos meios de impugnação às resoluções jurisdicionais, nos sistemas processuais, se justifica segundo a necessidade de evitar que eventuais falhas ou imperfeições dos julgamentos se tornem definitivas. Em dado momento, porém, é ainda mais importante que a sentença se torne imutável e indiscutível, sob pena de graves perturbações da estabilidade das relações sociais e jurídicas, que se estabelecem entre os indivíduos. Daí a razão *política* de ser do fenômeno da coisa julgada, que representa, em derradeira análise, um veto à possibilidade de perpetuação das impugnações aos pronunciamentos jurisdicionais.

Deve ser lembrada a afirmação de Lopes da Costa de que "É de ordem pública que os processos findem rapidamente. Para assegurar o regular tratamento da causa, a lei, de regra, estabelece duas instâncias, criando recursos para as decisões. Interposto no juízo do segundo grau o derradeiro recurso cabível, finda o processo, que não mais pode evoluir, tendo alcançado o seu objetivo final. Pode ser nulo o processo, injusta a sentença, nada mais há a fazer. *Roma Locuta Est*. O mau resultado das operações processuais irá para a partida de lucros e perdas da falibilidade da justiça dos homens. A ordem pública impõe *stare decisis, non quieta novare*".(40)

Parece estar evidente que há certo excesso nas palavras desse notável jurista, pois não se pode asseverar que passando em julgado a sentença, "nada mais há a fazer", ainda que nulo o processo ou injusta a sentença. Quase sempre, a nulidade que esteja a contaminar a sentença de mérito enseja o exercício da ação rescisória para desconstituir os efeitos da coisa julgada material – embora devamos admitir que as sentenças injustas não sejam rescindíveis. De qualquer maneira, mesmo tendo sido formada a *res iudicata,* ainda haverá algo a se fazer: desconstituí-la mediante o manejo da ação rescisória, desde que atendidos os requisitos legais.

2. Coisa julgada formal

A coisa julgada dita formal traduz-se no fenômeno da imutabilidade da sentença em virtude da preclusão dos prazos para recursos. Diz-se que ocorre, nesse caso, preclusão máxima exatamente porque já não há possibilidade de o pronunciamento da jurisdição ser impugnado por meio de recurso. É oportuno observar que a ação rescisória será admissível contra a sentença passada em julgado mesmo que em relação a ela não se tenham esgotados todos os recursos cabíveis (Súmula n. 514 do STF).

A *res iudicata* formal produz a imutabilidade da sentença dentro do processo, considerando-se, sob esse aspecto, plenamente realizada a entrega da prestação jurisdicional invocada. Em situações excepcionais, todavia, a coisa julgada formal não se constitui mesmo que a sentença não mais seja recorrível: isso se dá quando ficar vencida a Fazenda Pública, porquanto lei específica (Decreto-Lei n. 779/1969, art. 1.º, V) ordena, nesse caso, a remessa dos autos ao Tribunal competente para efeito de reexame necessário – ato que a norma legal referida e certos setores desatentos da doutrina e da jurisprudência denominam, equivocadamente, de recurso *ex officio* (*sic*), como se o juiz devesse recorrer da decisão por ele próprio proferida. Somente depois de realizado

---

(40) *Direito processual civil*. Rio de Janeiro: José Konfino, 1946, vol. III, n. 256, p. 276.

esse reexame é que a sentença (ou acórdão) passará em julgado, gerando a preclusão máxima a que há pouco aludimos.

A observar-se que, nos termos do § 1.º do art. 14 da Lei n. 12.016/2009, concedida a segurança, a sentença estrá obrigatoriamente sujeita ao duplo grau de jurisdição.

3. Coisa julgada material

O art. 502 do CPC conceitua a coisa julgada material como "a autoridade que torna imutável e indiscutível a decisão de mérito não mais sujeita a recurso".

O dever historicamente assumido pelo Estado, de prestar a tutela jurisdicional ao indivíduo e às coletividades (quando regularmente solicitada), consiste na composição da lide, na solução igualitária dos conflitos intersubjetivos de interesses juridicamente tuteláveis, mediante ato específico e exclusivo: a sentença de mérito. O pronunciamento jurisdicional não mais sujeito a recurso produz a coisa julgada material, que, na lição dos romanos, era a decisão judicial que dava cobro ao litígio, com a condenação ou a absolvição do réu (*res iudicata dicitur quae finem controversiarum pronuntiatione judicis accipit, quod vel condemnationem, vel absolutionem contingit*), cuja eficácia poderia transformar o branco em negro e o quadrado em redondo (*facit de albo nigrum et de quadratum rotundum*).

Transitada em julgado a sentença ou o acórdão, "qualquer órgão da jurisdição fica processualmente impedido de reexaminar o litígio decidido, porquanto a coisa julgada, como pressuposto negativo da relação processual, veda e torna inadmissível esse reexame", como acentua José Frederico Marques.(41) Segundo demonstramos, a coisa julgada *formal* produz a imutabilidade da sentença no mesmo processo: ela se torna imutável por não ser mais impugnável. O que se poderia chamar de *inimpugnabilidade*, entretanto, não é a única qualidade da sentença transitada em julgado; há também a *autoridade* do julgado, que se irradia para além dos limites do processo e que se manifesta sob a forma de imutabilidade dos seus efeitos. O comando que se esplende da sentença – e que representa a vontade concreta da lei – ao tornar-se imutável adquire autoridade de *res iudicata*, obstando, com isso, a que a *res in iudicio deducta* volte a ser examinada não só no mesmo processo como em qualquer outro, seja pelo mesmo juiz ou tribunal ou qualquer outro.

A coisa julgada material é, conseguintemente, a autoridade da *res iudicata*, tendo força de lei nos lindes da lide e das questões decididas, como declara o art. 503 do CPC.

---

(41) *Manual...*, vol. III, p. 234.

Precisamente por ser dotada de força de lei é que a coisa julgada material (ou substancial) torna-se obrigatória não só para as partes, mas para os juízes em geral. Captando, com argúcia, essa nota característica da coisa julgada material, Betti a definiu como a "força obrigatória e vinculante do acertamento de uma relação jurídica".[(42)]O reexame da lide – repitamos – após a formação da coisa julgada material apenas será possível por meio de ação rescisória, a ser submetida à apreciação do tribunal, no exercido de seu *iudicium rescindens*, ou, também, do *rescissorium*.

4. Limites objetivos da coisa julgada

Quando falamos em limites da coisa julgada, estamos, na verdade, buscando precisar o *alcance* de seus efeitos, seja do ponto de vista da extensão da matéria decidida, seja das pessoas que serão por ela atingidas; no primeiro caso, vem à tona o problema dos limites *objetivos*; no segundo, o dos limites *subjetivos*.

Lia-se no art. 468 do CPC de 1973: "A sentença, que julgar total ou parcialmente a lide, tem força de lei nos limites da lide e das questões decididas". Para Moacyr Amaral Santos, esse dispositivo do estatuto processual civil brasileiro reproduziu, no particular, o projeto Mortara, elaborado por Carnelutti.[(43)] Um pequeno adendo, no entanto, à afirmação do eminente jurista de São Paulo se faz necessário. Na realidade, o art. 468 do CPC de 1973, de nosso país, repetiu, com mínima variação literal, a regra que se encontrava enunciada no art. 278, *caput*, do CPC de 1939, assim redigido: "A sentença que decidir total ou parcialmente a lide terá força de lei nos limites das questões decididas". A disposição do CPC de 1939, por sua vez, constituía cópia parcial do art. 290 do Projeto de Código de Processo Civil feito por Mortara, em 1926. Esse projeto rezava que a sentença teria "forza di legge nei limite del lite e del questione decisa", podendo-se perceber, por isso, que o legislador processual civil brasileiro de 1939 eliminou (desastradamente, diga-se) o vocábulo *lide*, muito adequadamente introduzido no texto do referido Projeto italiano.

Levando-se em conta que o legislador de 1973 não incidiu no erro de efetuar semelhante extirpação, podemos dizer – agora sim – que o art. 468 daquele Código representava uma reprodução fiel do art. 290 do Projeto concebido pela comissão que tinha Ludovico Mortara na presidência. A parte final do art. 290 desse Projeto estatuía, ainda, que "Si considera decisa, anche non sia resoluta espressamente, ogni questione, le cui risoluzione constituisca premessa necessaria della disposizione contenuta nella sentenza", cuja norma foi incorporada

(42) *Apud* Moacyr Amaral Santos. *Primeiras linhas de direito processual civil*. São Paulo: Saraiva, 1978, 3. vol., p. 45.
(43) Obra cit., p. 62.

ao digesto processual brasileiro de 1939, como revelava o art. 287, parágrafo único: "Considerar-se-ão decididas todas as questões que constituam premissa necessária da conclusão". Tal regra, de caráter silogístico, não foi adotada pelo CPC de 1973, conquanto este haja se preocupado em declarar que "Passada em julgado a sentença de mérito, reputar-se-ão deduzidas e repelidas todas as alegações e defesas, que a parte poderia opor assim ao acolhimento como à rejeição do pedido" (art. 474).

Pois bem. O mundo deu as suas voltas. Temos, agora, um novo CPC (de 2015), cujo art. 503 declara: "A decisão que julgar total ou parcialmente o mérito tem força de lei nos limites da questão principal expressamente decidida". O texto atual, conforme se pode perceber: a) substituiu o vocábulo *sentença* por *decisão*; e *lide* por *mérito*; b) passou a falar em *questão principal expressamente decidida*.

Retornemos ao exame do problema dos *limites* da lide, de que cuidam os arts. 141 e 503 do CPC. Como ensina Carnelutti, o julgado é a decisão de uma lide e, por essa razão, os limites do julgado são os limites de seu próprio objeto, vale dizer, os limites que se lançam sobre o julgado da lide: "porque é a decisão de uma lide, o julgado não pode ser mais do que tal decisão; mas aquilo que é, o é para todos, não somente para as partes".(44)

Menciona o art. 468 do CPC a possibilidade de o juiz julgar parcialmente o mérito. O que devemos entender por julgamento parcial de um conflito de interesses?

Em rigor, a viabilidade de uma solução não integral do mérito já estava prevista no art. 287 do CPC de 1939 (*caput*).

Debruçando-se sobre esse delicado assunto, alguns autores do período chegaram a opinar que o julgamento parcial ocorreria se o juiz julgasse apenas uma das diversas demandas acumuladas num só processo. Esse era o pensamento do próprio Pedro Batista Martins, elaborador do projeto que, mais tarde, se converteria no Código de 1939: "Se as partes formularem no mesmo processo pedidos que não lhes era lícito formularem, o juiz, que deverá ater-se ao princípio da economia processual, não anulará o processo; julgará em parte procedente (*sic*) a ação para o fim de condenar o réu no pedido que lhe pareça compatível com o rito adotado, abstendo-se de decidir as questões insuscetíveis de cumulação. A sentença, em tais casos, deverá, por conseguinte, decidir parcialmente a lide".(45)

---

(44) *Apud* Moacyr Amaral Santos, obra cit., p. 62.
(45) *Comentários ao Código de Processo Civil*. Rio de Janeiro: Forense, 1940, 3. vol., p. 340.

Esse parecer de Batista Martins mereceu justas críticas de José Frederico Marques[46] e de Moacyr Amaral Santos,[47] pois na realidade aquele destacado jurista incorreu no pesado erro de confundir os conceitos de *lide* e de *questão*. No exemplo por ele formulado, o juiz, ao apreciar um dos pedidos e deixar de decidir aquilo que não era passível de cumulação, estaria, na verdade, efetuando um julgamento *total* de uma lide, conquanto não se pronunciasse sobre a outra.

Quer nos parecer que, para os efeitos do art. 468 do CPC (pois é com vistas a ele que estamos a expender estas considerações), pode ser aceito o ensinamento de Carnelutti relativo à existência de um processo integral e de um processo parcial;[48] com isso, quer o notável mestre peninsular dizer que a despeito de a sentença dever ater-se aos limites da lide, isso não significa que aquela possa ser menos que esta, ou seja, que não possa a sentença decidir apenas em parte o mérito.[49]

Nessa linha de raciocínio, poderia ser indicada, como exemplo, a sentença que se omitisse quanto à apreciação de determinado pedido feito pela parte e viesse a passar em julgado com essa falha. Discordamos, por isso, de Moacyr AmaraI Santos quando, citando idêntico exemplo, conclui que mesmo diante do suprimento dessa lacuna do pronunciamento jurisdicional, por meio de embargos declaratórios, a sentença teria julgado parcialmente a lide. *Data venia*, a sentença declarativa, ao pronunciar-se sobre o ponto omisso da declarada, integrou-se a ela, fundiu-se a ela, formando um só corpo, tanto que eventual recurso interposto será um só (e não um para cada sentença: declarada e declarativa), assim como única e una será a consequente execução que se vier a promover. Logo, não nos parece correto asseverar que, na espécie, a sentença teria realizado um julgamento *parcial* do mérito. Esse julgamento fragmentário, insistamos, só se configuraria se a sentença passasse em julgado com a omissão que a contaminava.

Frederico Marques aponta como caso de julgamento *parcial* o da sentença que se limitasse a decidir acerca do *an debeatur*, remetendo para a fase de liquidação a quantificação do crédito (ou da execução, *lato sensu*).[50] Não estamos convencidos, *permissa venia*, da exatidão doutrinal desse exemplo. Ao proferir a sentença que dirime o conflito de interesses, o juiz estará realizando um julgamento integral da lide (supondo-se que tenha apreciado todos os pedidos formulados pelo autor); o fato de relegar para a fase de liquidação o *quantum debeatur* não quer dizer que a lide tenha sido solucionada apenas em parte: o foi

---

(46) Obra cit., p. 50.
(47) Obra cit., p. 68.
(48) *Apud* Moacyr Amaral Santos, obra. cit., p. 63-64.
(49) *Idem*.
(50) Obra cit., p. 267.

por inteiro, representando a liquidação mero capítulo preparatório da execução (por quantia certa). Para demonstrar que se trata, na hipótese, de julgamento pleno da lide, basta argumentar com o fato de que a lei proíbe as partes de, na liquidação, modificarem ou inovarem a sentença liquidanda, assim como discutirem "matéria pertinente à causa principal" (CLT, art. 879, § 1.º), mandamento também encontrado no processo civil: "Na liquidação é vedado discutir de novo a lide ou modificar a sentença que a julgou" (art. 509, § 4.º).

A prevalecer o pensamento de Frederico Marques, teríamos de aceitar a ideia de que somente a sentença que resolveu o conflito – por haver julgado parcialmente a lide – teria força de lei, e não a decisão de caráter interlocutório, que quantificou o valor da execução.

Como caracterizadora de julgamento *parcial* da lide, podemos referir, ainda, a sentença que declara inexistente a pretendida relação de emprego, deixando, em consequência, de apreciar os demais pedidos formulados pelo autor (indenização, aviso prévio, horas extras etc.). A lide envolvia tanto a relação de emprego (mérito essencial) quanto os pedidos de natureza pecuniária (mérito secundário). Ao não reconhecer a existência da relação de emprego (e, em virtude disso, deixar de examinar os demais pedidos), o órgão jurisdicional realizou um julgamento *parcial* da lide. Desse modo, se a sentença transitar em julgado, não se poderá mais discutir o vínculo de emprego, assim como os demais pedidos de índole pecuniária, contidos na inicial.

5. Limites subjetivos da coisa julgada

A *res iudicata* atinge, apenas, o círculo jurídico das pessoas que figuram no processo, como autora, ré, opoente e o mais, ou se projeta além, para alcançar aquelas que não integraram a relação processual?

A resposta a essa pergunta suscita o problema dos limites *subjetivos* da coisa julgada material, que é de extrema importância sob o aspecto da realidade prática.

Em Roma, firmada a *litiscontestatio*, a decisão que fosse proferida alcançaria unicamente as partes, e não terceiros. Lê-se em Ulpiano, p. ex.: *cum res inter alios iudicata nullum aliis praeiudicium facient* (a coisa julgada não produz nenhum prejuízo a terceiros); em Macer: *res inter alios iudicata aliis non praeiudicare* (a coisa julgada não prejudica terceiros: D. 44.1.63) e em Paulo: *non opportet ex sententia sive iusta sive iniusta, pro alio habita alum pregravari* (seja justa ou injusta, a sentença proferida entre as partes não deve atingir terceiros: D. 3.2.21).

No período do direito romano arcaico (que vai das suas origens ao século II a.C.), os indivíduos envolvidos em conflitos de interesses iam ao pretor e assumiam o compromisso de acatar o que viesse a ser decidido pelo árbitro. A esse compromisso se dava o nome de *litiscontestatio*, cuja necessidade de prestá-lo se justificava pelo fato de, em decorrência do pensamento então dominante, não se admitir que o Estado se imiscuísse nos assuntos privados das pessoas em conflito. Escolhido pelos litigantes um árbitro em quem confiassem, este recebia do pretor a atribuição de dirimir o conflito. Modernamente, o vocábulo *litiscontestatio* vem sendo impropriamente utilizado para designar a lide, a ação ou mesmo o processo, embora este já se tenha despojado da concepção privatística com que era estudado outrora. Hoje, o caráter eminentemente publicístico do processo prescinde de qualquer compromisso pelas partes, no sentido de acatarem o que for decidido; mesmo contra a vontade destas, a sentença produzirá os efeitos que lhe são imanentes. Faz parte desse concerto moderno também o princípio da inafastabilidade da jurisdição.

Firmou-se, portanto, no direito romano antigo, a regra de que a coisa julgada alcança somente as partes e não terceiros (*res inter alios iudicata, aliis non praeiudicare*).

O princípio embutido nessa regra era – e continua a ser – perfeitamente justificável, pois não seria justo que pessoas que não houvessem participado da relação jurídica processual viessem a ter as suas esferas jurídicas molestadas ou invadidas pelos efeitos da sentença. Mesmo em Roma, entrementes, não se ignorava que, em situações excepcionais, a sentença acabava por infiltrar os seus efeitos nos círculos jurídicos de terceiros, com maior ou menor intensidade. O reconhecimento dessa possibilidade sobreviveu no período medieval, em que os juristas da época encontraram enormes dificuldades para explicar, sob a óptica científica, o fenômeno consistente da repercussão da sentença no microcosmo dos indivíduos que não haviam participado do processo.

Mais tarde, Savigny procurou revigorar esse pensamento que a Idade Média maltratara, estribando-se em supostos vínculos de representação que os terceiros possuíssem em relação às partes. Daí denominar-se essa teoria de *representação*. Embora a doutrina ideada por Savigny houvesse amealhado adeptos pelo mundo, inclusive em terras brasileiras (Teixeira de Freitas, João Monteiro, Paula Batista), ela não resistiu às duras críticas que lhe endereçaram alguns juristas de prestígio, no século XVII, para os quais a teoria da representação não se harmonizava com o instituto jurídico da representação e, além disso, era insuficiente para explicar os casos em que, efetivamente, terceiros eram afetados pelos efeitos da *res iudicata*.

Ihering, por sua vez, empenhou-se em demonstrar que os atos jurídicos acarretam efeitos diretos e efeitos indiretos, considerando como os primeiros aqueles que foram previstos e desejados pelos demandantes; como os segundos, os que não foram previstos nem desejados por estes, mas que se tornaram inevitáveis. Em razão disso, essa teoria recebeu a denominação de *efeitos reflexos dos atos jurídicos*. Ihering procurou melhor explicá-la com o uso de certos postulados da vida física, observando que se atirarmos uma pedra a um lago, circunjacentemente ao ponto em que ela tocou na superfície da água formar-se-ão ondulações concêntricas, a primeira mais volumosa e de menor diâmetro e as demais, com diâmetro superior mas menos volumosas, até que desapareçam por inteiro. Para o ilustre jurista, o efeito desejado, na hipótese, foi acertar a pedra em algum ponto do lago, representando as ondulações, que a seguir se formaram, os efeitos não desejados, vale dizer, os efeitos reflexos.

Inspirados na doutrina de Ihering, alguns pensadores elaboraram na Alemanha a teoria dos efeitos reflexos da coisa julgada, que encontrou simpatizantes também na Itália, graças à obra de Chiovenda, Betti, Redenti e Carnelutti, entre outros.

Chiovenda se preocupou, todavia, em clarificar que a afirmação de que a *res iudicata* vale em relação a terceiros não corresponde a aceitar o fato de que ela possa causar *prejuízos* a estes; prejuízos de natureza jurídica, uma vez que os de fato são inadmissíveis.

Liebman, entretanto, conseguiu, com inegável talento, desnudar a inconsistência da teoria dos efeitos reflexos da sentença, ao mostrar que o equívoco fundamental dessa doutrina residia no fato de tomar a coisa julgada como *efeito* da sentença, quando na verdade é *qualidade* especial da sentença, protegendo-a com a cláusula da imutabilidade. Para chegar a essa inferência, Liebman separou a eficácia natural da sentença da coisa julgada e tirou daí dois princípios: a) a eficácia natural da sentença alcança todas as pessoas; b) a autoridade da *res iudicata* está restrita às partes. Com isso, argumenta que como a eficácia natural da sentença atinge terceiros (e não a coisa julgada), estes podem opor-se a ela, desde que prejudicados, para mostrar a sua injustiça ou ilegalidade. Ainda assim, para que terceiros resistam à sentença é indispensável que possuam um interesse em antagonismo com a decisão; em sentido contrário, não poderão opor-se ao julgado os terceiros cujo prejuízo acarretado por ele sejam meramente de ordem prática ou econômica, pois entre o direito afirmado pela sentença e o destes não há incompatibilidade.

Avançando em construção, Liebman destaca três categorias de terceiros: a) terceiros *indiferentes* (aqueles a quem a sentença não traz nenhum prejuízo); b) terceiros *interessados* praticamente (aqueles que sofrem, em virtude da sentença, prejuízos práticos ou econômicos); c) terceiros *juridicamente interessados*. Estes se bipartem nas categorias de: c.1) terceiros que possuem interesse igual ao das partes; e c.2) terceiros cujo interesse jurídico é de categoria inferior ao das partes (assim denominados porque são titulares de relações jurídicas dependentes da relação jurídica *in iudicio deducta*).

O Código de Processo Civil em vigor, ao estabelecer que "A sentença faz coisa julgada às partes entre as quais é dada, não prejudicando terceiros" (art. 506), denota haver incorporado o princípio que vem do direito romano; mas ao deixar expresso, no art. 778, § 1.º, II, que podem também promover a execução ou nela prosseguir o espólio, os herdeiros ou os sucessores do credor, toda vez que, por morte deste, lhes for transmitido o direito oriundo do título executivo, bem como o cessionário, quando o direito proveniente do título executivo lhe for transferido por ato entre vivos (inciso III), e no art. 779, III, que também pode ser sujeito passivo da execução o novo credor, que assumiu, com a anuência do credor, a obrigação derivante do título executivo, deixa patente haver igualmente equiparado à parte determinados terceiros, para que se possam submeter aos efeitos da coisa julgada material.

6. Coisa julgada e ação de segurança

O assunto concernente à formação da coisa julgada material em ação de segurança foi por nós examinado no Capítulo V (no tópico relativo ao mérito); retomamos agora ao tema para acrescentar-lhe outras considerações.

A despeito de a Súmula n. 304 do Supremo Tribunal Federal declarar que a decisão denegatória de mandado de segurança, não fazendo coisa julgada contra o impetrante, não impede o uso da ação própria, devemos entender que essa orientação só se justifica quando a decisão não houver apreciado o mérito da causa. O art. 16 da Lei n. 1.533/1951 afirmava, a propósito, que o pedido de mandado de segurança poderia ser renovado se a decisão denegatória não lhe houvesse apreciado o mérito. Como se constata, o que ocorre no processo relativo à ação de segurança não é diverso do que se passa quanto aos processos em geral, toda vez que se extinguem sem que a sentença haja tocado nas questões de fundo da causa: a possibilidade de a ação ser ajuizada novamente (CPC, art. 486).

A Lei n. 12.016/2009 manteve essa regra, conforme demonstra o seu art. 6.º, § 6.º: "O pedido de mandado de segurança poderá ser renovado se a decisão denegatória não lhe houver apreciado o mérito".

Reside aqui, sem dúvida, uma das razões de ordem prática e jurídica que levaram o legislador brasileiro a separar, no sistema do atual diploma processual civil, os casos de extinção do processo com ou sem pronunciamento acerca do mérito, ou seja, da lide em seu conceito carnelutiano.

Se, *v.g.*, o juiz indeferir *in limine* a petição inicial da ação de segurança (por não ser essa ação cabível na espécie; por lhe faltarem alguns dos requsitos legais etc.) ou declarar o autor carecente da ação, haverá extinção do processo sem julgamento do mérito; em decorrência disso, poderá o autor (impetrante) intentar, outra vez, a ação. Quando, porém, o processo se finda mediante apreciação do *meritum causae*, forma-se a coisa julgada material que impede o autor de colocar em juízo novamente a ação.

Por outro lado, como afirmamos em outras páginas (Cap. V, retro), quando o órgão jurisdicional denega o *writ* em função de alguma questão prévia (ou antecedente) ou da incerteza quanto aos fatos (que impossibilitou o exame do direito subjetivo), não se constituirá aí, contra o impetrante, a *res iudicata* material, de tal modo que ele poderá, por ação própria, pleitear os seus direitos; nesse rumo já era a dicção do art. 15 da Lei n. 1.533/1951, respeitada pela Súmula n. 304 do STF e, mais tarde, reproduzida pelo art. 19 da Lei n. 12.016/2009.

Vindo, contudo, a decisão a examinar o pedido formulado na causa, seja para conceder ou denegar a segurança, o mérito terá sido apreciado e, em consequência disso, não mais poderá o interessado solicitar, em outra ação, um pronunciamento jurisdicional acerca do direito subjetivo anteriormente investigado.

No que tange aos limites *subjetivos* da coisa julgada, que se estabelece em virtude do exame do mérito, devemos registrar que a decisão não possui efeito normativo, motivo pelo qual os efeitos da *res iudicata* ficam, em princípio, circunscritos ao círculo jurídico das partes (CPC, art. 506). Conforme lembra Ada Pellegrini Grinover, "ainda que a ilegalidade se repita em casos idênticos, será sempre necessária uma nova decisão para cada caso, porque os efeitos da sentença anterior se restringem ao caso concreto, entre as mesmas partes".(51)

Fizemos referência, há pouco, aos arts. 15 e 16 da revogada Lei n. 1.533/1951. É conveniente, por isso, advertirmos que essas normas não diziam a mesma coisa – até porque o legislador não iria lançar-se a semelhante superfetação. O primeiro permitia a formulação de pedido baseado na mesma relação jurídica, embora deduzido em outro processo; já o segundo dava ao impetrante a possibilidade de renovar o pedido de mandado de segurança, pois a decisão anterior, denegatória, não apreciara o mérito.

A Lei n. 12.016/2009 reproduziu: a) no § 6.º do art. 6.º, a regra do art. 16 da Lei n. 1.533/1951; b) no art. 19, a norma do art. 15 da Lei n. 1.533/1951.

Em determinados casos, portanto, conseguida a garantia colimada, o impetrante nada mais tem para postular; em outros, entretanto, a pretensão não se exaure, remanescendo um interesse de natureza patrimonial, a ser manifestado em ação específica.

Devemos distinguir, todavia – segundo pondera Othon Sidou –, o direito *patrimonial*, que a decisão lançada na ação de segurança apenas potencialmente acena, do direito *patrimonial extensivo*, que se vincula ao exercício do direito por ela reconhecido e cujo desatendimento imediato representa uma continuação do ato lesivo: "Na quele, juntam-se todos os potenciais direitos a que a sentença possa servir de base para reivindicações futuras. No último, vinculam-se direitos

---

(51) A tutela preventiva das liberdades. *Ajuris*, 8(22):115-116.

intrínsecos, inseparáveis, como é a retribuição pelo trabalho em forma salarial. A sentença que reconhecer a servidor público o direito de reintegração no cargo de que fora afastado contém implícito não apenas que os salários vincendos são exigíveis, como também a condição de imediato percebimento dos já vencidos. Trata-se evidentemente de direito patrimonial extensivo, que está na mira do mandado de segurança e contra que não pode sequer prevalecer o argumento dilatório de impossibilidade de apuração aritmética votada a outro pleito".[52] Cabe-nos adir à lição de Othon Sidou, porém, que a concessão de mandado de segurança não produz efeitos patrimoniais em relação a período pretérito, que, em razão disso, devem ser reclamados na via administrativa ou mesmo na judicial, conforme desejar o interessado (Súmula n. 271 do STF). Elucida, por outro lado, o § 4.º do art. 14 da Lei n. 12.016/2009 que o pagamento de vencimentos e vantagens pecuniárias assegurados em sentença ou acórdão concessivo de mandado de segurança a servidor público da administração direta ou autárquica federal, estadual ou municipal "somente será efetuado relativamente às prestações que se vencerem a contar da data do ajuizamento da inicial".

É oportuno adjungir, ainda, a expressa proibição legal quanto à concessão de liminar, em ação de segurança visando à reclassificação ou equiparação de servidores públicos, ou à concessão de aumento ou extensão de vantagens, que constava da Lei n. 4.348/1964, art. 52, cujos mandados (outorgados pela sentença ou acórdão) só poderiam ser executados depois de passar em julgado a respectiva decisão (art. 52, parágrafo único). A Lei n. 12.016/2009 reproduziu a primeira parte dessa regra (proibição de liminar destinada à reclassificação ou equiparação de servidores públicos) no art. 7.º, § 2.º. A segunda parte foi reproduzida, com certa sutileza, no § 3.º do art. 14, conforme o qual "A sentença que conceder o mandado de segurança pode ser executada, provisoriamente, salvo nos casos em que for vedada a concessão da liminar". Vale dizer: em princípio, a sentença pode ser executada de maneira provisória, exceto nas situações em que for legalmente proibida a concessão de medida liminar. Como o § 2.º do art. 7.º da Lei n. 12.016/2009 veda a concessão de liminar que tenha por objeto a reclassificação ou a equiparação de servidores públicos, isto significa, à luz do § 3.º do art. 14 da mesma norma legal, que a sentença, nesse caso, não pode ser executada, ainda que de modo provisório.

---

(52) Obra cit., p. 310.

CAPÍTULO XXIV

RECURSOS

1. Generalidades

1.1 Primeiro grau de jurisdição

1.1.1. Liminar

Nos termos do § 1.º do art. 7.º da Lei n. 12.016/2009, no sistema do processo civil, da decisão do juiz de primeiro grau, concessiva ou denegatória de *liminar* em mandado de segurança, cabe agravo de instrumento.

Considerando que, no processo do trabalho, este agravo só é interponível de decisões denegatórias da admissibilidade de recurso (CLT, art. 897, *b*), fica afastada, desde logo, a possibilidade de sua utilização na Justiça do Trabalho como meio de impugnação de decisão – concessiva ou denegatória – de liminar em processo de mandado de segurança.

A impetração de mandado de segurança contra essa liminar é expressamente vedada pela OJ n. 140 da SBDI-2 do TST: "Mandado de segurança contra liminar, concedida ou denegada em outra segurança. Incabível (art. 8.º, da Lei n. 1.533/51). Não cabe mandado de segurança para impugnar despacho (*sic*) que acolheu ou indeferiu liminar em outro mandado de segurança". Não se trata, no caso, de *despacho*, e, sim, de *decisão.*

A referida liminar, quando regularmente concedida ou denegada, não traduz ato tumultuário do procedimento ou do devido processo legal (*due process of law*), motivo por que não pode ser objeto de reclamação correcional (correição parcial).

Nem seria cabível alguma *tutela provisória*, pois não é da essência desta a *cassação* de atos jurisdicionais, ainda que monocráticos.

Não se poderia, quiçá, suspender a liminar, com fundamento no art. 15 da Lei n. 12.016/2009? É evidente que não. Em primeiro lugar, a suspensão prevista nesta norma legal pressupõe a interposição de recurso; em segundo, a legitimidade para requerer essa suspensão é exclusiva do Ministério Público e da pessoa jurídica de direito público interessada e, ainda assim, desde que esteja em causa a iminência de grave lesão à ordem, à saúde, à segurança ou à economia públicas – em síntese, o *interesse público.*

Diante desses nossos argumentos deveríamos concluir que, no processo do trabalho, as decisões liminares em mandado de segurança não são impugnáveis? De maneira alguma. Estamos, felizmente, em um Estado Democrático de Direito (CF, art. 1.º, *caput*), cuja Constituição republicana inseriu o mandado de segurança no elenco dos "Direitos e Garantias *Fundamentais*" dos indivíduos e das coletividades (art. 5.º, LXIX e LXX). Quando, por exemplo, o magistrado nega uma providência liminar em ação mandamental, está colocando em risco essas *garantias constitucionais*, razão por que essa decisão *precisa* ser impugnada, a fim de que a parte interessada (e prejudicada) possa submetê-la ao conhecimento de órgão jurisdicional diverso daquele que a emitiu e, em regra, hierarquicamente superior.

Situação semelhante foi por nós enfrentada quando se alterou o art. 273 do CPC de 1973, para permitir-se a antecipação dos efeitos da tutela. Admitida a incidência desta norma do processo civil no do trabalho, logo surgiu a dúvida sobre se a decisão – concessiva ou denegatória da antecipação – seria impugnável, ou não. Concluímos que *deveria* ser impugnada e, após examinarmos, em tese, os diversos meios que o sistema processual dispunha, concluímos que a medida *menos inadequada* seria o mandado de segurança. Este nosso entendimento, tempos depois, acabou sendo prestigiado pelo TST, como demonstrava a Súmula n. 414, II, em sua redação primitiva.

No caso da liminar concedida ou negada em ação de mandado de segurança, como vimos, a OJ n. 140 da SBDI-2 do TST veda a possibilidade de impetração de mandado de segurança. Essa OJ faz referência ao art. 8.º da revogada Lei n. 1.533/1951, que dispunha sobre o *indeferimento da petição inicial* (e não sobre a concessão ou denegação de *liminar*). O art. 8.º, por sua vez, fazia alusão ao art. 12 da mesma norma legal, que declarava ser cabível, no caso, o recurso de apelação. Como se percebe, a menção-fundamento efetuada pela OJ n. 140 ao art. 8.º da Lei n. 1.533/1951 era – e , sob certo certo aspecto, continua a ser – totalmente *inadequada,* sob o ponto de vista técnico, pois esse dispositivo legal cuidava de tema diverso (indeferimento da inicial) daquele enfrentado pela sobredita OJ (concessão ou denegação de liminar). Ademais, na vigência da Lei n. 1.533/1951, os juízes de primeiro grau da jurisdição trabalhista não detinham competência para apreciar mandado de segurança; somente os tribunais a possuíam. Desse modo, como da decisão monocrática do relator cabia agravo regimental, não se justificava a impetração de *mandamus*, sob pena de contrariar o disposto no art. 5.º, II, da Lei n. 1.533/1951, então vigente. Aliás, justamente porque, na época, os juízes de primeiro grau não possuíam essa competência é que se deve concluir que a OJ n. 140 da SBDI-2 tinha em mira, unicamente, as liminares emitidas *pelos relatores*, vale dizer, por juízes de tribunais.

Ora, bem. Se considerarmos que a decisão pela qual o juiz do trabalho de primeiro grau concede ou denega uma liminar possui natureza interlocutória, por certo seremos forçados a concluir que ela não pode ser objeto de *nenhum recurso*, em face do disposto no art. 893, § 1.º, da CLT. Ainda que se viesse a admitir a possibilidade de interposição de recurso (*sui generis*, por certo), este não possuiria efeito suspensivo (CLT, art. 899, *caput*), fato que obrigaria a parte a ingressar com o requerimento de que fala a Súmula n. 414, I, do TST, para tentar obter o efeito paralisante desejado e necessário. Este procedimento seria, a toda evidência, formalista e demorado, fazendo, talvez, com que a receada lesão do direito defendido no mandado de segurança se consumasse (preventivo) ou a sua lesão, se anteriormente consumada, acarretasse consequências irreparáveis (represssivo).

Como entendemos, pelas razões já expostas, que a decisão concessiva ou denegatória da liminar em mandado de segurança *necessita, institucionalmente*, ser impugnada (lembrando-se que essa necessidade, no âmbito do processo civil, foi atendida pelo § 1.º do art. 7.º da Lei n. 12.016/2009, ao prever a interposição do recurso de agravo de instrumento), é inevitável arrematar que essa impugnação, no processo do trabalho, deverá ser feita por meio de ação de mandado de segurança. Com isso, colocar-se-á à disposição do interessado a *possibilidade* de obter, do tribunal competente, uma liminar em curto espaço de tempo, que poderá cassar a segurança concedida *in limine* na primeira ação mandamental – contanto que consiga provar a existência de um seu direito líquido e certo de desfazer o pronunciamento jurisdicional monocrático impugnado.

Por todo o exposto, e considerando que, em princípio, não se pode *criar* recurso ou outro meio de impugnação das decisões judiciais, nem se pode *admitir* a interposição de recurso quando a lei, de maneira expressa, a veda (CLT, art. 893, § 1.º), torna-se imprescindível e urgente: a) a reformulação do conteúdo da OJ n. 140 da SBDI-2 do TST, para efeito de admitir, de maneira expressa, a impetração de mandado de segurança contra decisão concessiva ou denegatória de liminar em ação de mandado de segurança, por juiz de primeiro grau – exceto se a doutrina e a jurisprudência vierem a demonstrar a nossa desrazão jurídica em sustentar a impugnabilidade, *por qualquer meio*, da mencionada decisão, ou encontrar outro instrumento de impugnação, que as nossas limitações intelectuais não permitem identificar no sistema legal vigente –; ou b) dar-se à precitada OJ uma interpretação que restrinja as suas disposições às liminares concedidas *pelos relatores*.

1.1.2. Sentença

Se o juiz indeferir, de plano, a petição inicial, o ato por ele praticado constitui sentença, porque dotado de aptidão para dar fim ao processo, embora sem resolução do mérito. Para esse efeito, devemos dizer que se incorporou ao processo do trabalho a definição de sentença constante da antiga redação do § 1.º do art. 162 do CPC, conforme o qual era o ato pelo qual o juiz punha fim ao processo. O fato de o conceito de sentença haver sido alterado pela Lei n. 11.232, de 22 de dezembro de 2005 ("Sentença é o ato do juiz que implica alguma das situações previstas nos arts. 267 e 269 desta Lei") e passar a ser formulado pelo art. 203, § 1º, do CPC de 2015, como "o pronunciamento por meio do qual o juiz, com fundamento nos arts. 485 e 487, põe fim à fase cognitiva do procedimento comum, bem como extingue a execução", não possui nenhuma relevância para o processo do trabalho. Expliquemo-nos. A sobredita norma do processo civil foi levada a modificar a conceituação de sentença em virtude de haver instituído o procedimento do "Cumprimento da Sentença" (arts. 475-I a 475-R do CPC de 1973), ou seja, de haver trazido, em revolucionário sincretismo, o antigo processo de execução, fundado em título judicial, para o próprio processo de conhecimento. Todavia, no processo do trabalho, a execução continua a ser autônoma em relação ao processo cognitivo, como evidenciam os arts. 876 a 892 da CLT, razão pela qual a sentença dada neste processo põe-lhe, efetivamente, fim, rendendo ensejo ao subsequente processo executivo.

Caso o juiz profira sentença de mérito, em ação de mandado de segurança, esse seu ato poderá ser objeto de recurso ordinário, porque também aqui estaremos diante de uma sentença. Se a sentença for denegatória da segurança, estará legitimado para recorrer o impetrante; se, ao contrário, for concessiva da segurança, a Lei n. 12.016/2009 atribui legitimidade para o exercício da pretensão recursal à própria autoridade apontada como coatora (art. 14, § 2.º), assim como ao litisconsorte necessário, passivo (art. 24).

A faculdade atribuída à própria autoridade coatora para interpor recurso da sentença constitui expressiva inovação da Lei n. 12.016/2009. Algumas nótulas elucidativas, entretanto, são necessárias. Em primeiro lugar, entendemos que essa faculdade tem como destinatárias exclusivas as autoridades coatoras *administrativas*, não as *judiciais*; em segundo, essa autoridade deverá demonstrar o seu *interesse processual* em impugnar o pronunciamento jurisdicional concessivo ou denegatório da segurança (CPC, art. 3.º). Desse modo, à *legitimidade* da autoridade coatora soma-se o *interesse processual*, figurando ambos como pressupostos subjetivos para a admissibilidade do recurso que vier a interpor; em terceiro, a faculdade de a autoridade coatora recorrer da sentença não impede que também o faça a pessoa jurídica de direito público interessada, contanto que atenda aos pressupostos legais para isso exigidos, em especial, o *interesse*.

Conforme consta do § 3.º do art. 14 da Lei n. 12.016/2009, a sentença concessiva do mandado de segurança pode ser executada provisoriamente, salvo no caso expressamente ressalvado nessa mesma norma legal. Mas não é apenas quando se recorre da sentença concessiva do *mandamus* que esse ato jurisdicional poderá ser executado de modo apenas provisório. O § 1.º do art. 14 da Lei n. 12.016/2009 declara: "Concedida a segurança, a sentença estará sujeita obrigatoriamente ao duplo grau de jurisdição". O que se está a dizer, aqui, é que a sentença estará submetida à *remessa obrigatória* ao tribunal competente, para efeito de *reexame necessário* da matéria. No processo do trabalho, a remessa *ex officio* é prevista no inciso V do art. 1.º do Decreto-Lei n. 779/1969 – que alude a um canhestro "recurso *ex officio*" –, sempre que a sentença for condenatória das pessoas jurídicas ali indicadas. O CPC contém norma semelhante (art. 496). Em tais situações, o juiz deverá encaminhar os autos ao tribunal competente, mesmo que não tenha havido interposição de recurso; se não o fizer, o presidente do tribunal avocará os autos (art. 496, § 1.°).

Afirmamos, há pouco, que os recursos interpostos das sentenças proferidas em ação de segurança têm efeito apenas devolutivo, não obstando, por isso, que estas sejam provisoriamente executadas – como faculta, aliás, o próprio art. 14, § 3.º, da Lei n. 12.016/2009.

Ocorre, todavia, que esse mesmo dispositivo legal faz a ressalva de que a decisão concessiva do *mandamus* não poderá ser executada provisoriamente nos casos em que for vedada a outorga de medida liminar, vale dizer, quando envolver, por exemplo, a reclassificação ou equiparação de servidores públicos (Lei n. 12.016/2009, art. 7.º, § 2.º). Isto está a significar que o recurso interposto dessa decisão terá, ainda que em caráter excepcional, efeito suspensivo.

A questão que agora se lança é a seguinte: seria aplicável ao processo do trabalho a referida ressalva feita na parte final do § 3.º do art. 14 da Lei n. 12.016/2009, sabendo-se que neste processo o princípio é de que os recursos terão efeito, apenas, devolutivo (CLT, art. 899, *caput*)?

Conquanto a doutrina e a jurisprudência tendam a responder de maneira afirmativa a essa indagação, abalançamo-nos a adotar atitude algo heterodoxa, sustentando que mesmo no caso de a decisão implicar reclassificação ou equiparação de servidor público, o recurso dela interposto terá efeito, unicamente, devolutivo. Há de prevalecer, com vistas a isso, o princípio inscrito no citado art. 899, *caput*, da CLT. Se o recorrente desejar ver atribuído, em caráter excepcional, efeito suspensivo ao seu recurso, deverá formular o requerimento a que se refere a Súmula n. 414, I, parte final, do TST – conquanto, do nosso ponto de vista, poderia ser utilizada uma tutela provisória de urgência (CPC, arts. 300 e 301), para essa finalidade.

Estas palavras de Celso Agrícola Barbi, escritas na vigência da Lei n. 1.533/1951, não perderam a importância com o advento da Lei n. 12.016/2009:

> Quando o legislador constituinte inscreveu na Carta Magna o mandado de segurança, dando-lhe, assim, garantia constitucional, pressupôs que aquele meio de defesa do cidadão deve ter forma processual mais rápida, mais eficiente do que os demais procedimentos. Apesar de a Constituição atual não chegar ao extremo da de 1934, que prescreveu em seu texto a forma processual do mandado de segurança –

> pelo art. 113, item 33, teria o mesmo processo do *habeas corpus* –, existe nela o pressuposto de que o mandado de segurança não pode ser menos eficiente do que as formas procedimentais comuns. Sem isso, esvazia-se o conteúdo do mandado de segurança, que não é uma simples expressão verbal, mas um conceito jurídico definido, em suas formas mais elementares, pela legislação, pela doutrina e pela jurisprudência que dominavam já ao tempo da elaboração da Constituição de 1946. Assim, qualquer lei ordinária que, de forma direta ou indireta, destruir a eficiência do mandado de segurança, tomando-a igual ou inferior à obtida pelas formas comuns do processo, violará a Constituição e, portanto, não poderá prevalecer. Isso é justamente o que acontece com o aludido parágrafo único do art. 5.º da Lei n. 4.348, que submete a execução das sentenças ali referidas a regime muito mais rigoroso do que o prescrito pelo art. 497 do Código de Processo Civil para as sentenças obtidas em ações processuais por outros ritos. Chegaremos à situação absurda de ver o mesmo direito de um funcionário ter a sentença que o reconheça executada na pendência de recurso extraordinário se usada uma ação de rito ordinário e ter de esperar o julgamento final deste, se usado o mandado de segurança.(53)

No caso em que houver requerimento da pessoa de direito público interessada ou do Ministério Público, formulado com o objetivo de evitar grave lesão à ordem, à saúde, à segurança e à economia públicas, o presidente do tribunal ao qual competir o conhecimento do recurso poderá conceder efeito suspensivo liminar se verificar, mediante juízo prévio, a plausibilidade do direito invocado e a urgência da concessão da medida suspensiva (Lei n. 12.016/2009, art. 15, § 4.º). Caso haja outras liminares concedidas, contendo objeto idêntico, poderão ser suspensas em uma só decisão, sendo facultado, ainda, ao presidente do tribunal estender os efeitos da suspensão a liminares supervenientes, bastando, para isso, simples aditamento ao pedido original (art. 15, § 5.º).

1.2 Segundo grau de jurisdição

No âmbito dos Tribunais, a decisão em ação de mandado de segurança pode ser liminar ou mediante acórdão.

1.2.1. Liminar

A competência para proferi-la é do relator, em atuação monocrática, unipessoal. Seja ela concessiva ou denegatória da segurança, a sua impugnação, no processo civil, será feita mediante agravo (Lei n. 12.016/2009, art. 16, parágrafo único). O mesmo se afirme no caso de o relator indeferir a petição inicial (Lei n. 12.016/2009, art. 10, § 1.º). Não se trata, na espécie, de agravo regimental, e

---

(53) Obra cit., p. 276-277.

sim do agravo interno a que se refere o art. 1.021 do CPC. Por isso, no terreno do processo civil, pode-se considerar *prejudicada* a Súmula n. 622 do STF, assim enunciada: "Não cabe agravo regimental contra decisão do relator que concede ou inderefere liminar em mandado de segurança".

No processo do trabalho, em ambos os casos, o recurso previsto, de maneira geral, nas normas *interna corporis* dos tribunais é o agravo regimental, cujo prazo para interposição será de cinco ou de oito dias, conforme disponha o respectivo regimento da Corte. O art. 16, parágrafo único, da Lei n. 12.016/2009 não afetará essas disposições regimentais, em virtude da competência atribuída pelo art. 96, I, da CF aos tribunais para a elaboração de sua norma *interna corporis*. É precisamente porque, em regra, da liminar emitida pelo relator em sede de ação de mandado de segurança cabe agravo regimental que a OJ n. 140 da SBDI-2 do TST não admite a interposição de mandado de segurança contra essa decisão unipessoal.

O procedimento concernente ao agravo regimental revela a sua diferença acentuada em relação aos recursos típicos, pois é apresentado em mesa, não comporta contrarrazões, nem sustentação oral e, na sessão em que é submetido a julgamento, o juiz prolator do despacho agravado geralmente não vota, uma vez que o que faz o colegiado, nessa ocasião, nada mais é do que dar sequência à votação, que se iniciou com a decisão do relator.

Alguns Tribunais do Trabalho não admitiam agravo regimental da decisão que *concedesse* liminarmente a segurança. Entretanto, em face da regra inequívoca do parágrafo único do art. 16 da Lei n. 12.016/2009, tal posição tornou-se insustentável, pois esta norma legal está a demonstrar que a mencionada decisão será sempre recorrível. E esse recurso, no caso das decisões do relator no âmbito da Justiça do Trabalho, a nosso ver, deve continuar sendo o agravo regimental.

1.2.2. Acórdão

O ato pelo qual os tribunais julgam as questões que lhes são submetidas à apreciação jurisdicional recebe a denominação de acórdão (CPC, art. 204). Se a medida for concedida ou denegada por acórdão, este poderá ser impugnado por meio de recurso ordinário, dirigido ao TST (CLT, art. 895, *b*).

A Súmula n. 201 do Tribunal Superior do Trabalho é específica sobre o assunto: "Da decisão do Tribunal Regional do Trabalho em mandado de segurança cabe recurso ordinário, no prazo de 8 (oito) dias, para o Tribunal Superior do Trabalho, e igual dilação para o recorrido e interessados apresentarem razões de contrariedade".

A Súmula n. 201 cancelou a de n. 154, que fixava o prazo de dez dias para a interposição do recurso ordinário, nada dispondo quanto ao prazo para as contrarrazões. A Súmula 154, por sua vez, correspondia ao antigo Prejulgado n. 28 do próprio TST.

2. Pressupostos

O recurso ordinário que vier a ser interposto do acórdão proferido na ação de segurança deverá atender aos pressupostos de admissibilidade exigíveis em relação aos recursos em geral, com algumas singularidades. Vejamos quais são esses pressupostos:

2.1 Subjetivos (intrínsecos)

2.1.1. Legitimação (CPC, 17 e 996)

a) Interesse (CPC, 17 e 1.000);

b) Capacidade (CC, 1.º);

c) Representação (CLT, 791, caput x CPC, 103).

2.2 Objetivos (extrínsecos)

a) Recorribilidade do ato (CLT, 893, § 1.º; CPC, 1.001; CLT, 884, § 3.º; Lei n. 5.584/1970);

b) Regularidade formal do ato;

c) Adequação (CPC/1939, 800/810: variabilidade e fungibilidade);

d) Tempestividade (CLT, 894 a 897: 8 dias; 897-A: 5 dias; CPC, 1.003, § 5.º: 15 dias);

e) Depósito pecuniário (CLT, 899 e §§; TST, Súmula n. 86);

f) Custas (CLT, 789 e 789-A).

Outros pressupostos, como:

g) Delimitação de matérias e valores (CLT, 897, § 1.º);

h) Prequestionamento (TST, Súmula n. 297);

i) Transcendência: Recurso de Revista (CLT, 896-A);

j) Falta de impugnação dos fundamentos da decisão (TST, Súmula n. 422);

k) Repercussão geral: RE (CF, 102, § 3.º; CPC, 1.035)não são exigíveis no caso de recurso ordinário interposto de Acórdão de Tribunal Regional para o Tribunal Superior do Trabalho.

Ausente qualquer dos pressupostos referidos na classificação apresentada (quando exigíveis), o recurso será denegado pelo Presidente do Tribunal que prolatou o acórdão, cabendo, de sua decisão, agravo de instrumento para o Tribunal Superior do Trabalho (CLT, art. 897, *b*).

Destaque-se, ainda, o fato de o terceiro juridicamente prejudicado pelo ato ilegal (ou abusivo) de autoridade possuir legitimidade (e interesse) para interpor recurso ordinário do acórdão denegatório ou concessivo da segurança (CPC, art. 996 e parágrafo único).

Estabelece a Súmula n. 392 do Supremo Tribunal Federal que o prazo para interpor *recurso* de acórdão concessivo de segurança será contado da publicação oficial das suas conclusões e não da anterior ciência à autoridade para cumprimento da decisão. Todavia, o art. 17 da Lei n. 12.016/2009 esclarece que se o acórdão proferido em mandado de segurança (aqui compreendidos os recursos a ele inerentes) não for pubicado no prazo de trinta dias, contado da data do julgamento, será substituído pelas correspondentes notas taquigráficas. Essa previsão legal é muito útil, seja por atender ao mandamento constitucional da celeridade na tramitação dos processos (CF, art. 5.º, inciso LXXVIII), seja por evitar a ocorrência do que a doutrina e a própria jurisprudência vêm denominando de *intempestividade por prematuridade*, que se configura quando a parte ingressa com recurso antes de publicado o acórdão (porque, talvez, tenha tomado ciência da decisão na própria sessão de julgamento), ou quando interpõe recurso e, posteriormente, o adversário oferece embargos de declaração à mesma decisão e o recorrente original não ratifica os termos do seu recurso após a publicação do acórdão pertinente aos embargos declaratórios.

Em outro livro, quando estava a viger o CPC de 1973, escrevemos:

Em que pese o fato de este livro não versar sobre recursos, não podemos deixar de aproveitar a oportunidade para lançarmos uma crítica a respeito deste último entendimento, que vem sendo adotado pela jurisprudência, máxime dos Tribunais Superiores.

O STF, por exemplo, tem decidido:

PROCESSUAL TRABALHISTA. AGRAVO REGIMENTAL EM AGRAVO DE INSTRUMENTO. RECURSO EXTRAORDINÁRIO. EXTEMPORANEIDADE. INTERPOSIÇÃO PREMATURA. AUSÊNCIA DE RATIFICAÇÃO. AGRAVO IMPROVIDO.

I – É extemporâneo o recurso extraordinário interposto antes do julgamento dos embargos de declaração opostos na instância a quo, *sem que tenha havido a posterior ratificação.*

II – Agravo Regimental improvido.

(1.ª Turma, AI-AgR 571064/RS, Rel. Ministro Ricardo Lewandowski, DJ de 06.06.2008.

(...)

1. Embargos de declaração recebidos como agravo regimental. 2. É extemporâneo o recurso extraordinário protocolado antes da publicação do aresto proferido nos embargos declaratórios, sem posterior ratificação. Precedentes. 3. Agravo regimental improvido.

(Tribunal Pleno, AI-ED 650662/SP, Rel. Ministra Ellen Gracie, DJ de 30.05.2008.

Data venia, o entendimento consubstanciado nas decisões supracitadas não pode prevalecer, seja por ser injusto, seja por seu transbordamento dos limites da lei.

Digamos que *A* e *B* são litigantes entre si. A sentença acolhe, em parte, os pedidos formulados por *A*. Ambos são intimados na mesma data. *A* interpõe recurso ordinário no quinto dia do prazo. No mesmo dia, *B* ingressa com embargos declaratórios à sentença. Publicada a decisão emitida nos embargos de declaração, o recurso de *A* – segundo a jurisprudência de que estamos a discordar – deverá por este ser *ratificado*, sob pena de não ser admitido ao fundamento de *intempestividade por prematuridade* (ou *extemporaneidade*). Ora, a injustiça – para dizermos o menos – desta linha de pensamento é manifesta, além de infundir uma enorme insegurança jurídica no espírito das partes. No exemplo mencionado, *A* teria de ficar esperando para ver se *B* não ofereceria embargos de declaração à sentença. Para isto, teria que dedicar-se a constantes idas e vindas ao fórum, ou empenhar-se em consultar, todos os dias, o *site* do tribunal para verificar se o adversário não havia feito uso dessa medida processual. Com isso, *A* correria o risco de perder o prazo para interpor o seu recurso, caso o adversário não viesse a ingressar com os referidos embargos. Ademais, mesmo que *A* viesse a interpor o seu recurso e, posteriomente, *B* oferecesse embargos de declaração à sentença impugnada, não haveria razão jurídica para considerar-se *intempestivo por extemporaneidade* o recurso de *A*. E nenhuma necessidade haveria de ele *ratificá-lo*. Afinal, ao ser intimado da sentença, *A*, dentro do prazo legal, recorreu, vale dizer, exerceu, de maneira absolutamente regular, a sua pretensão de ver modificada, pelo tribunal, a sentença. A particularidade de o seu adversário, depois disso, oferecer embargos declaratórios é algo que jamais poderá vir em detrimento do recurso de *A*, regularmente interposto. De duas, uma: ou a sentença declaratória não altera a declarada – e, neste caso, reforça-se a nossa opinião de que o recurso de *A* em nada poderia ser afetado, ou, ao contrário, a sentença declaratória modifica a declarada – e, nesta hipótese, *A* deveria ser intimado, apenas, para *complementar* o seu recurso, até porque poderia não ter interesse em limitar-se a *ratificá-lo*, uma vez que a sentença declaratória poderia ter piorado a sua situação processual (de *A*). Nem se ignore a possibilidade de o entendimento perfilhado pela jurisprudência, inclusive do STF, vir a render ensejo a certas práticas condenáveis, por uma das partes. Valendo-nos ainda do exemplo que tem como protagonistas *A* e *B*, poderia *B*, ciente de que *A* interpusera recurso, apresentar embargos declaratórios, simplesmente para fazer com que o recurso de *A* fosse considerado intempestivo (por extemporaneidade), caso este não o "ratificasse". O que não se dizer, então, da possibilidade de *B*, após o recurso de *A* não haver sido admitido, em decorrência dessa canhestra "intempestividade", vir a desistir dos seus embargos declaratórios?

O fato de os embargos de declaração interromperem o prazo para a interposição de qualquer recurso, para qualquer das partes, jamais poderá ser invocado para justificar a corrente de pensamento que defende a *intempestividade por extemporaneidade*. Ocorre que a regra inscrita no art. 538, *caput*, do CPC, pressupõe que os recursos *ainda não tenham sido interpostos;* daí, o motivo – algo óbvio – de o legislador do CPC de 1973 haver atribuído aos embargos declaratórios esse efeito (em substituição ao anterior, que era, apenas, suspensivo). Quando, porém, uma das partes interpõe o recurso, no prazo previsto em lei, nada mais há a ser interrompido. A pretensão recursal já foi exercida. O prazo já foi utilizado e consumido.

Com o respeito que nos mereça a corrente jurisprudencial que defende a *intempestividade por extemporaneidade*, parece-nos que esta "teoria" nada mais é do que um dos tantos instrumentos que os tribunais do País passaram a adotar, de uns tempos até esta altura, em favor de sua política interna de inadmissibilidade de recursos. Se os tribunais estão assoberbados por volumes pletóricos de recursos, a solução deverá ser legislativa, como convém a um Estado Democrático de Direito, e não mediante a adoção de formas artificiosas, que soem surpreender, desleal e desfavoravelmente, as partes.[54]

Ora, seja! Posteriormente a essa nossa crítica, entra em vigor o CPC de 2015, cujo art. 1.024 dispõe, em seu § 5.º: "Se os embargos de declaração forem rejeitados ou não alterarem a conclusão do julgamento anterior, o recurso interposto pela outra parte antes da publicação do julgamento dos embargos de declaração será processado e julgado independentemente de ratificação".

Já não se sustenta, pois, a doutrina da *intempestividade por prematuridade* – que exigia a ratificação do recurso interposto antes do julgamento dos embargos de declaração – que tanto desserviço prestou ao bom senso e aos jurisdicionados.

A União, os Estados, o Distrito Federal e os Municípios, assim como as entidades autárquicas que lhes digam respeito, possuem prazo em dobro para recorrer, pois o art. 1.º do Decreto-Lei n. 779, de 21 de agosto de 1969, não foi revogado pelo art. 5.º, *caput,* da Constituição Federal em vigor. A locução "sem distinção de qualquer natureza", constante do mencionado dispositivo constitucional, não possui o alcance que alguns intérpretes lhe pretenderam dar. Fosse assim, deveríamos admitir que já não pode existir limite de idade para votar, para alistar-se eleitor, para fixar-se a responsabilidade penal e o mais. O próprio direito material do trabalho não mais poderia ser protectivo do trabalhador, porquanto isso constituiria uma odiosa discriminação vedada pelo art. 5.º, *caput,* da Constituição.

Nos termos do art. 15, *caput,* da Lei n. 12.016/2009, a pessoa jurídica de direito público interessada ou o Ministério Público poderão requerer ao Presidente do Tribunal competente para apreciar o recurso a suspensão, mediante decisão fundamentada, da liminar e da sentença, a fim de evitar grave lesão à ordem, à saúde, à segurança e à economia públicas. Da decisão do Presidente do Tribunal caberá agravo, sem efeito suspensivo, no prazo de cinco dias, que deverá ser submetido a julgamento na sessão subsequente à sua interposição (art. 15, *caput*). A exigência, feita pelo aludido dispositivo legal, de que a decisão do Presidente do Tribunal seja fundamentada é reforçativa da contida no inciso IX do art. 93 da Constituição Federal: "todos os julgamentos dos órgãos do Poder Judiciário serão públicos, e fundamentadas todas as decisões (...)".

A norma do art. 15 da Lei n, 12.016/2009 tem nítidos traços de inconstitucionalidade, por não assegurar as garantias do contraditório e da ampla defesa (CF, art. 5.º, LV). O fato de poder ser interposto o recurso de agravo da decisão suspensiva da liminar ou da sentença não atende a essa garantia constitucional. Não se trata, aqui, de contraditório diferido, e sim de impugnação da decisão

---

(54) *Sistema dos recursos trabalhistas*. 13.ª ed. São Paulo: LTr Editora, 2017, p.

mediante recurso, que é coisa diversa. Ademais, o agravo nem sequer possui efeito suspensivo. E a particularidade de o juiz ou o relator poderem reconsiderar a decisão (CPC, art. 1.021, § 2.º) não afasta o antagonismo da norma *sub censura* com a Constituição da República, pelo simples e elementar fato de que a tendência será, sempre, de um e outro não se retratarem. Nem mesmo a possibilidade de ser renovado, em sede de recurso ao STJ ou ao STF (Lei n. 12.016/209, art. 15, § 1.º), o pedido de cassação da decisão que suspendeu a liminar ou a sentença afasta o mencionado antagonismo. Se a Lei n. 12.016/2009 estivesse preocupada – como deveria estar – com a preservação das garantias constitucionais do processo, deveria ter dito que *antes* de manifestar-se sobre o requerimento de suspensão da decisão o presidente do tribunal competente para conhecer do recurso deveria ouvir (mesmo que em prazo exíguo) o impetrante. Bem fariam os presidentes dos tribunais se suprissem essa falha do legislador, intimando o impetrante para manifestar-se no prazo que lhe fosse fixado. Está feita a sugestão.

O pedido de suspensão da decisão concessiva da segurança também será cabível quando for negado provimento ao agravo de instrumento (no processo civil) ou denegada a segurança (no processo do trabalho) impetrada contra a liminar. No caso de o agravo de instrumento ser dirigido ao STF, o recorrente deverá estar atento à Súmula n. 735 deste Tribunal, segundo a qual "Não cabe rercurso extraordinário contra acórdão que defere medida liminar".

Todavia, a interposição e agravo de instrumento (ou de agravo) contra decisão concessiva de liminar nas ações promovidas em face do poder público e seus agentes não prejudica nem condiciona o julgamento do pedido de suspensão previsto no art. 7.º da Lei n. 12.016/2009 (§ 3.º).

O presidente do tribunal poderá atribuir ao pedido efeito suspensivo liminar se verificar, mediante juízo prévio, a plausibilidade do direito invocado e a urgência na concessão da medida (§ 4.º). Sob certo aspecto, estes requisitos correspondem aos do *fumus boni iuris* e do *periculum in mora,* característicos das medidas cautelares, designadamente, do poder geral de cautela do magistrado (CPC, arts. 300 e 301).

O § 5.º do art. 15 da Lei n. 12.016/2009 permite ao presidente do tribunal: a) suspender, em decisão única, as liminares cujo objeto seja idêntico; b) estender os efeitos da suspensão a liminares supervenientes, mediante simples aditamento do pedido original. Também aqui, a nosso ver, deverá o presidente do tribunal, antes de praticar quaisquer desses atos, ouvir o impetrante, como providência destinada a preservar as garantias constitucionais do contraditório e da ampla defesa.

3. No Tribunal Superior do Trabalho

Das decisões proferidas pelo Tribunal Superior do Trabalho em ação de segurança poderá ser interposto recurso extraordinário ao Supremo Tribunal

Federal (CF, art. 102, III). É inegável que o recurso em questão só será admitido se a decisão impugnada houver a) contrariado dispositivo da Constituição Federal; b) declarado a inconstitucionalidade de tratado ou de lei federal; c) julgado válida lei ou ato de governo local contestado em face da Constituição da República; ou d) julgar válida lei local contestada em face de lei federal.

Incumbirá ao recorrente, ainda, atender, em sede preliminar, ao requisito da repercussão geral (CF, art. 102, § 3.º; CPC, art. 1.035).

Com relação aos acórdãos dos tribunais, proferidos em única instância, estabelece o art. 18 da Lei n. 12.016/2009 que caberá recurso especial e extraordinário nos casos legalmente previstos. Será interponível recurso ordinário quando a ordem for denegada. Algumas notas complementares são necessárias. Em primeiro lugar, como a norma legal alude às decisões *dos tribunais*, isto significa que não caberá recurso quando a decisão for de *turma* do tribunal. Em segundo, o recurso somente será interponível quando se tratar de única instância. Em terceiro, diante da decisão do tribunal, em processo de mandado de segurança, caberá recurso especial para o STJ, ou recurso extraordinário para o STF, quando a decisão for *concessiva* da segurança; sendo *denegatória*, o recurso será o ordinário constitucional. Para este efeito, denegatória será tanto a decisão que implicar a extinção do processo *com* exame do mérito quanto *sem* esse exame. Em quarto, os casos de cabimento do recurso ordinário constitucional estão previstos no inciso II do art. 102 da Constituição Federal e nos arts. 1.027 e 1.028 do CPC. Em quinto, o procedimento deste recurso é semelhante ao da apelação, no processo civil, ou do recurso ordinário, no processo do trabalho. Isso significa dizer que os pressupostos de admissibilidade não são os do recurso extraordinário, e, sim, da apelação; o prazo para interposição, mesmo no processo do trabalho, será de quinze dias (CPC, art. 1.003, § 5.º). Em sexto, em nome do princípio da fungibilidade, a jurisprudência tem admitido a possibilidade de o recurso de apelação ser conhecido como recurso ordinário constitucional, embora essa fungibilidade não atue quando se tratar de recurso extraordinário interposto no lugar do ordinário constitucional, como demonstra a Súmula n. 272 do STF: "Não se admite como ordinário recurso extraordinário de decisão denegatória de mandado de segurança".

4. A remessa *ex officio*

Em linhas anteriores, fizemos referência ao § 1.º do art. 14 da Lei n. 12.016/2009, conforme o qual a sentença concessiva da segurança estará, obrigatoriamente, sujeita ao duplo grau de jurisdição.

Essa regra está em plena harmonia com o inciso I do art. 496 do CPC. O processo do trabalho possui norma similar, estampada no art. 1.º, V, do Decreto-Lei n. 779/1969: "Nos processos perante a Justiça do Trabalho constituem privilégio (*sic*) da União, dos Estados, do Distrito Federal, dos Municípios e das autarquias ou fundações de direito público (*sic*) federais, estaduais ou municipais que não explorem atividade econômica: (...) V – o recurso ordinário (*sic*) *ex officio* das decisões que lhe sejam total ou parcialmente contrárias".

A expressão "recurso *ex officio*", todavia, é teratológica, na medida em que seria inconcebível que o juiz estivesse jungido à obrigação de *impugnar* a sentença por ele próprio emitida, como se o criador devesse voltar-se contra a criatura. O que o juiz faz, na verdade, é proceder à *remessa compulsória* dos autos ao tribunal, para que este realize um *reexame necessário*, uma vez que a sujeição dos pronunciamentos jurisdicionais contrários aos interesses das pessoas jurídicas de direito público mencionadas no Decreto-Lei n. 779/1969 constitui prerrogativa (e não "privilégio") – prerrogativa, aliás, que, segundo nossa convicção, deve ser eliminada de *lege ferenda*.

Está implícita, portanto, nesse Decreto-Lei, a advertência – que se encontra expressa no art. 496, *caput*, do CPC – de que a sentença, no caso, somente produzirá os efeitos que lhe são inerentes se for confirmada pelo tribunal.

Se o juiz deixar de proceder à remessa *ex officio*, o presidente do tribunal avocará os autos, para dar cumprimento à lei (CPC, art. 496, § 1.º). Mesmo que a parte vencida interponha recurso da sentença, a remessa *ex officio* deverá ser realizada. Poder-se-ia imaginar que, nesse caso, não se justificaria a remessa, em decorrência da interposição, pois a matéria decidida na causa seria reexaminada pelo tribunal. Nada mais equivocado do que assim pensar. Em primeiro lugar, o § 1.º do art. 496 do CPC é claro ao determinar que se proceda à remessa havendo ou não apelação (recurso ordinário, no sistema do processo do trabalho); em segundo, pode acontecer de o recurso não ser admitido pelo tribunal (por ausência de pressuposto legal), de tal modo que, sem a remessa, a matéria contida na sentença acabaria não sendo reapreciada pelo tribunal, como exige a lei. Dá-se, aqui, a propósito, um fenômeno interessante. Por princípio, o recurso ordinário (apelação, no processo civil) *submete* (e não "devolve", como consta da lei) à apreciação do tribunal, apenas, a matéria impugnada (CPC, art. 1.013, *caput*). Destarte, se a parte deixar de impugnar alguns capítulos da sentença que lhe foram desfavoráveis, configurar-se-á a preclusão e, em consequência, o trânsito em julgado desses capítulos. Todavia, a remessa *ex officio* submete à cognição do tribunal todo o conteúdo da sentença que foi desfavorável a uma das pessoas jurídicas referidas no Decreto-Lei n. 779/1969. Em termos práticos, isso significa dizer que, ao examinar um recurso, o tribunal deverá ater-se ao que foi objeto de impugnação, sob pena de implicar julgamento *ultra* ou *extra petita*; todavia, na remessa *ex officio*, examinar-se-á todo o conteúdo da sentença contrário aos interesses das aludidas pessoas jurídicas.

A Lei n. 1.533/1951 não estabelecia o procedimento que deveria ser observado, no tribunal, acerca da remessa obrigatória. O Decreto-Lei n. 779/1969 e o art. 496 do CPC também nada dispõem a esse respeito. Essa omissão subsiste com a Lei n. 12.016/2009. Em decorrência desses vazios legislativos, diversas perguntas se tornam inevitáveis: a) o procedimento seria o do recurso ordinário?; b) haveria sorteio de relator e de revisor?; c) seria possível a sustentação oral?; d) qual seria a quantidade de devolução?; e) qual o efeito dessa remessa?

a) Em que pese a circunstância de havermos censurado há pouco a expressão "recurso *ex officio*", pelo que de ilógico encerra, devemos sublinhar que o Decreto-Lei n. 779/1969 alude a essa figura esdrúxula como sendo "recurso ordinário *ex officio*" e isso é o quanto basta para patentear o tipo, a modalidade de recurso a que o *ex officio* foi equiparado: ao *ordinário* – até porque é por meio desse recurso que se configura o duplo grau de jurisdição. Assim, à remessa obrigatória devem ser aplicadas as normas concernentes ao procedimento do recurso ordinário (CLT, art. 895).

b) Conseguintemente, haverá necessidade de designação de relator e de revisor, exceto se – por analogia – tratar-se de procedimento sumariíssimo, quando não haverá revisor (CLT, art. 895, § 1.º, II, *in fine*).

c) Não se poder negar ao interessado o direito de efetuar sustentação oral, da tribuna, na sessão de julgamento, pois, como asseveramos, o procedimento deve ser, em princípio, idêntico ao do recurso ordinário. Em todo caso, esta é matéria afeta ao regimento interno dos tribunais (CF, art. 96, I, *a*).

d) Conforme havíamos asseverado, a "devolutibilidade", em tema de remessa *ex officio*, é ampla, não se submetendo, pois, à regra do art. 1.013, *caput*, do CPC – aplicável, apenas, aos recursos.

e) No sistema do processo civil, distinguem-se, as de modo geral, tanto o recurso voluntário quanto a remessa compulsória, e têm efeito apenas devolutivo com o que se permite a execução provisória da decisão concessiva da segurança (Lei n. 12.016/2009, art. 14, § 3.º). Contudo, se a decisão implicou reclassificação ou equiparação de servidores (Lei n. 12.016/2009, art. 7.º, § 2.º), o recurso ordinário e a remessa obrigatória estarão, automaticamente, dotados de efeito suspensivo (art. 14, § 3.º), de tal forma que nem mesmo a execução provisória será autorizada.

Na órbita do processo do trabalho, no entanto, como procuramos demonstrar em linhas precedentes, o império, a soberania axiológica deve ser a do princípio instilado no art. 899, *caput*, da CLT, ao qual, por isso, devem amoldar-se os elementos forâneos para cá trasladados, ocasional ou sistematicamente, pela porta do art. 769 da CLT. Estamos a afirmar, portanto, a um só tempo e pelos mesmos fundamentos, que, nesse processo, tanto o recurso ordinário quanto a remessa obrigatória, mesmo envolvendo, esta, reclassificação ou equiparação de servidores, terão efeito meramente devolutivo. Se a parte interessada pretender ver atribuído, em caráter excepcional, efeito suspensivo ao recurso, deverá fazer uso do requerimento, a que se refere a Súmula n. 414, I, parte final, do TST – embora, mais uma vez, devamos externar o nosso entendimento de que deve ser aceito o uso de tutela provisória, de natureza cautelar, para essa finalidade.

CAPÍTULO XXV

EXECUÇÃO

1. Definitiva

Execução forçada, como a própria expressão indica, é a que se realiza contra a vontade do devedor ou independentemente dela. Daí Liebman conceituá-la como "a atividade desenvolvida pelos órgãos judiciários para dar atuação à sanção".[55] A sanção, no caso, traduz-se no conjunto de medidas ou providências que as leis de processo estabelecem com vistas à imposição da sentença condenatória.

Alguns autores, entretanto, não admitem essa espécie de execução contra o Estado, seja em processo de mandado de segurança ou qualquer outro, argumentando que o juiz não pode substituir-se à atividade do devedor, como é característico da execução.[56] Outros, conquanto perfilhem o mesmo ponto de vista, reconhecem a possibilidade de execução forçada contra o Estado em determinadas situações, como, *v.g.*, quando a sentença ordena a reintegração de servidor estável, na forma do art. 41, § 2.º, da Constituição Federal. Uma terceira corrente de opinião, a que se poderia chamar de liberal, não vê obstáculos à execução forçada contra o Estado; um de seus mais ilustres representantes é Castro Nunes, para quem a execução não deixa de ser forçada ou compulsória pelo fato de ser direta, ou seja, "tendente a tornar efetiva, sob sanções penais cominadas à desobediência, uma ordem judicial, como nos interditos e nos *habeas corpus*".[57] E conclui: "A execução da sentença concessiva do mandado de segurança é, pois, compulsória. Não importa que sob sanções de direito público, únicas acessíveis ao processo das execuções nas causas contra o Estado".[58]

Parece-nos, efetivamente, que se colocarmos à frente a particularidade de que a denominada *execução forçada* representa a substituição, pelo juiz, da atividade do devedor, não poderemos deixar de reconhecer a impossibilidade dessa execução contra o Estado. A circunstância de o executado responder pelo crime

---

(55) *Processo de execução*. 5.ª ed. São Paulo: Saraiva, 1986, p. 4.
(56) Lopes da Costa, obra cit., p. 430.
(57) Obra cit., p. 409.
(58) *Idem*.

de desobediência, na hipótese de opor-se ao cumprimento da ordem judicial, sem prejuízo das sanções administrativas e da aplicação da Lei n. 1.079, de 10 de abril de 1950, quando cabíveis (Lei n. 12.016/2009, art. 26), não é algo que possa ser usado como argumento a favor da possibilidade dessa execução contra o Estado, porquanto, como dissemos, a nota característica da execução forçada é a sub-rogação – pela qual se obtém, mediante ato jurisdicional, aquilo que se obteria se o executado cumprisse a obrigação, de maneira espontânea.

Poder-se-ia objetar, contudo, que no caso de a sentença determinar a reintegração de servidor estável, nos termos do art. 41, § 2.º, da Constituição em vigor, haveria execução forçada, pois a decisão teria imposto essa reintegração com todos os direitos e vantagens do servidor, sem permitir que o Estado optasse por outra forma de cumprir a obrigação, como, p. ex., assumindo uma responsabilidade patrimonial. *Data venia*, essa objeção, se formulada, estaria comprometida por um vício de origem. Dá-se que o Estado, na espécie, deveria cumprir a obrigação de maneira *específica*, traduzida em obrigação de fazer (CPC, art. 497), importa dizer, conforme foi determinada pelo pronunciamento jurisdicional, não lhe sendo lícito cumpri-la pela modalidade de reparação.

Nossa inferência, a propósito, não fica restrita à situação examinada (reintegração de servidor estável), senão que se estende a todas as outras, constituindo, portanto, uma regra; assim, é conveniente reiterá-la: a Administração está obrigada a cumprir a ordem judicial nos exatos termos em que foi emitida, isto é, de maneira *específica*, não lhe atribuindo a norma legal nenhuma faculdade no sentido de acatar a referida ordem por outro meio, como, *v.g.*, o indenizador.

Se a sentença proferida em ação de segurança, concessiva do mandado, não enseja, como afirmamos, a execução do tipo forçado, de que maneira deve ser executada e qual o instrumento destinado a esse fim?

É interessante observar que, ao tempo em que esteve a viger a Constituição de 1934, quando ainda não havia lei ordinária regulamentando a ação de segurança, muito se discutiu acerca de qual deveria ser o instrumento adequado para a execução da sentença. Lembra Themístocles Brandão Cavalcanti que, por proposta do Ministro Costa Manso, o Supremo Tribunal Federal firmou o entendimento de que a decisão proferida nessa ação deveria ser executada "mediante mandado de segurança, assinado pelo Presidente da Corte Suprema", expedido a requerimento da parte.[59] O Excelso Pretório aprovou, ainda, um adendo elaborado pelo Procurador-Geral da República, segundo o qual, sem prejuízo da expedição do mandado, o presidente daquele Tribunal deveria encaminhar ofício à autoridade coatora, dando-lhe ciência da decisão.

(59) Obra cit., p. 311-331.

Anota, ainda, Themístocles Cavalcanti que dos debates estabelecidos no Supremo Tribunal Federal acerca do assunto, diversas conclusões foram tiradas, algumas até mesmo curiosas, como a de que o mandado deveria ser entregue ao impetrante, que dele faria uso como melhor lhe aprouvesse, representando o ofício remetido à autoridade administrativa apenas uma espécie de *modo cortês* de cientificá-la da decisão proferida, para que a cumprisse.[60]

As conclusões do Excelso Pretório foram, mais tarde, incorporadas pela Lei n. 191, de 16 de janeiro de 1936, como demonstra o seu art. 10: "Julgando procedente o pedido, o juiz: a) transmitirá, em ofício, por mão do oficial do juízo, ou pelo Correio, sob registro, o inteiro teor da sentença ao representante legal da pessoa jurídica de direito público interno, interessada, e no caso do art. 12, parágrafo único, também ao representante legal da pessoa que praticou o ato impugnado; b) fará expedir, *in continenti*, como título executivo em favor de quem o impetrou, o mandado de segurança, determinando as providências especificadas na sentença contra a ameaça ou a violência".

Essa disposição da Lei n. 191/1936 foi reproduzida, com pequenas alterações literais, pelo art. 325, I e II, do CPC de 1939.

Estranhamente, porém, o mandado, de que falavam os textos legais mencionados, acabou caindo em desuso, pois na prática raramente era requerida a sua expedição, contentando-se o impetrante com o ofício que era encaminhado à autoridade coatora e que, em razão disso, acabou sendo convertido no instrumento pelo qual se promove a execução do *writ*. Estatuía, com efeito, o art. 12 da Lei n. 1.533/1951 que, "Julgado procedente o pedido, o juiz transmitirá em ofício, por mão do oficial do juízo ou pelo correio, mediante registro com recibo de volta, ou por telegrama, radiograma ou telefonema, conforme o requerer o peticionário, o inteiro teor da sentença à autoridade coatora". Como se vê, a referida norma legal, sensível à realidade prática, não cogitou da expedição de mandado, como faziam as leis precedentes, mas tão só do ofício. Ironia à parte, pode-se dizer, diante disso, que hoje não temos um mandado de segurança, mas um "ofício de segurança...".

Como asseveramos há pouco, a execução da sentença ou do acórdão lançado na ação de segurança é *específica*, não dando margem a que a autoridade coatora opte pelo cumprimento da ordem judicial por modo diverso do estabelecido. Embora não se trate de execução forçada, pode o juiz ou o relator fazer uso de diversos meios tendentes à consecução desse objetivo, como fixar prazos, mesmo que não previstos em lei, expedir ordem de reintegração ou de qualquer outra natureza.

---

(60) *Idem.*

É de extrema importância verificarmos, a seguir, quais as consequências legais do não cumprimento, pela autoridade coatora, da ordem judicial e que meios o nosso ordenamento normativo reserva para compeli-la a esse acatamento.

Se o desrespeito à ordem judicial for de autoridade municipal, poderá o Estado membro intervir no Município; em termos práticos, incumbirá ao Presidente do Tribunal Regional do Trabalho que concedeu a segurança oficiar ao Procurador-Geral da Justiça para que formule representação perante o Tribunal de Justiça competente, que, dando provimento a essa representação, autorizará o Estado a intervir no Município (CF, art. 35, IV). Caso provenha de autoridade pública estadual a recusa ao cumprimento do *mandamus*, poderá a União intervir no Estado membro, com a finalidade de prover a execução da ordem judicial (CF, art. 34, VI).

Sem prejuízo das intervenções referidas, a autoridade pública – municipal ou estadual – que deixar de cumprir a ordem judicial (mandado de segurança) praticará o crime de desobediência, previsto no art. 330 do Código Penal: "Desobedecer a ordem legal de funcionário público", cuja pena de detenção variará de quinze dias a seis meses, além de multa pecuniária.

O art. 26 da Lei n. 12.016/2009 adverte quanto às consequências penais do descumprimento da ordem judicial, além de observar que o descumpridor estará sujeito, ainda, às sanções administrativas e à incidência da Lei n. 1.079/1950, quando cabíveis. Os elementos que configuram o crime de desobediência são: a) o fato material, consistente na recusa ao cumprimento da ordem; b) que a ordem tenha sido emitida por autoridade competente; c) que seja, também, legal. Embora a desobediência esteja incluída no capítulo dos "Crimes Praticados por Particular contra a Administração em Geral", isso significa que, via de regra, o sujeito ativo é um particular; como pondera Magalhães Noronha, todavia, nada impede que igualmente o seja um funcionário, que, para esse efeito, será equiparado ao particular, desde que a ordem não diga respeito às suas funções, pois, nesse caso, o crime será de prevaricação.[(61)]

Se o descumprimento do *mandamus* provier de autoridade pública federal, o assunto se torna delicado, pois não há, no texto da Constituição Federal, nenhuma providência ou sanção prevista. A Lei n. 1.079, de 10 de janeiro de 1950, no entanto, definiu os crimes de responsabilidade do Presidente da República e dos Ministros do Executivo, do Procurador-Geral da República, dos Governadores e Secretários de Estado, além de dispor acerca do processo e do julgamento correspondentes. No art. 12 dessa Lei foram relacionados, particularmente, os crimes de responsabilidade praticados contra as decisões judiciais; o item 2 trata da recusa a cumprimento de tais decisões, naquilo que depender do exercício

---

(61) *Direito penal*. 2. ed. São Paulo: Saraiva, 1965, 4. vol., p. 365.

das funções do Poder Executivo. A Lei n. 3.528, de 3 de janeiro de 1969, por sua vez, dispôs sobre os crimes de responsabilidade dos prefeitos municipais.

Não se pode deixar de salientar, porém, o fato de que o processo instituído pelas leis precitadas soem acabar encontrando enormes dificuldades para a sua realização prática, pois envolvem a participação de outros órgãos, como as Câmaras, fazendo com que haja uma forte ingerência política nesse campo.

Por isso, insistimos na configuração de crime de desobediência sempre que a autoridade pública deixar de dar cumprimento ao mandado de segurança, a despeito de sabermos que o Supremo Tribunal Federal já decidiu que o sujeito ativo desse crime só possa ser o particular. Como afirmamos em momento anterior, com base em lição de Magalhães Noronha, nada obsta a que, para os efeitos da caracterização do crime de desobediência, o funcionário público (ou autoridade pública) seja equiparado ao particular; ao contrário, tudo sugere que assim o seja, sob pena de essas pessoas serem estimuladas ao descumprimento de ordens judiciais.

Sob o aspecto histórico, é relevante aduzir que no sistema da Lei n. 191, de 1936, haveria crime de responsabilidade do representante legal da pessoa jurídica de direito público ou crime de desobediência dos representantes das entidades autárquicas e das pessoas naturais ou jurídicas que se encontrassem no desempenho de serviços públicos, caso deixassem de adotar, imediatamente, "as providências necessárias para cumprir a decisão judicial" (art. 10, parágrafo único), fórmula que foi reproduzida pelo art. 327 do CPC de 1939.

Se a recusa ao cumprimento do mandado de segurança for de autoridade judiciária (magistrado), pensamos que esta possa ser civilmente responsabilizada, respondendo por perdas e danos perante o impetrante, toda vez que, no exercício de suas funções: a) agir com dolo ou fraude ou b) recusar, omitir ou retardar, sem justo motivo, providência que deva ordenar de ofício ou a requerimento do interessado (Lei Complementar n. 35, de 14 de março de 1979 – LOMAN –, art. 49, I e II). Tudo isso sem prejuízo das sanções disciplinares constantes da aludida norma legal (art. 42), cabendo destacar que entre os deveres do magistrado está o de "cumprir e fazer cumprir (...) as disposições legais e os atos de ofício" (art. 35, I).

2. Provisória

Conforme sustentamos em Capítulo pretérito, no processo do trabalho, o recurso ordinário possui efeito, apenas, devolutivo (CLT, art. 899, *caput*), regra que também se encontra implícita nos §§ 1.º e 3.º do art. 14 da Lei n. 12.016/2009, ao declarar, o primeiro, que a sentença concessiva da segurança está sujeita, obrigatoriamente, ao duplo grau de jurisdição, e, o segundo, que ela pode ser executada de maneira provisória, salvo na situação ali prevista.

A possibilidade de execução provisória da sentença ou do acórdão surge, portanto, sempre que o recurso é dotado de efeito meramente devolutivo.

Celso Agrícola Barbi julga ser inequívoca a sujeição da execução provisória em ação de segurança às normas do Código de Processo Civil, de tal maneira que deverão ser observados os seguintes princípios: a) corre por conta e responsabilidade do credor (impetrante), que prestará caução, obrigando-se a reparar os danos causados ao devedor (pessoa jurídica de direito público); b) não abarca os atos que importem alienação do domínio, nem permite, sem caução idônea, o levantamento de depósito em dinheiro; c) fica sem efeito, sobrevindo decisão que modifique ou anule a que foi objeto da execução, restituindo-se as coisas ao estado anterior.

No tocante à exigência de caução, argumenta o insigne jurista mineiro que ela visa a evitar que, na hipótese de falta de solvência do exequente, haja prejuízo para o executado, concluindo ser o princípio amplamente aplicável à ação de segurança "quando, como decorrência do direito ajuizado, a Administração tiver de fazer pagamento em dinheiro".(62)

Não estamos, *venia permissa*, de acordo com esse entendimento. A possibilidade de execução provisória da sentença concessiva da segurança está expressamente prevista no § 3.º do art. 14 da Lei n. 12.016/2009. A providência destinada a evitar "prejuízo para o executado", em virtude da execução provisória da decisão concessora da segurança, consta do no art. 15 da mesma Lei, segundo o qual, a requerimento da pessoa jurídica de direito público interessada, ou do Ministério Público, poderá o Presidente do Tribunal ao qual couber o conhecimento do recurso suspender, em decisão fundamentada, a execução da sentença (ou da liminar) sempre que isso for indispensável para evitar grave lesão à ordem, à saúde, à segurança e à economia públicas. Parece-nos, por isso, que essa disposição da Lei n. 12.016/2009 supre, com sobras, a caução (real ou fidejussória), em seu objetivo de impedir graves danos à pessoa jurídica de direito público interessada.

Mesmo que a mencionada pessoa jurídica não tenha recorrido da decisão concessiva da segurança, a execução provisória poderá ser suspensa, a seu requerimento, ou do Ministério Público, na medida em que, de qualquer forma, essa decisão está sujeita ao duplo grau de jurisdição, como determina o § 1.º do art. 14 da Lei n. 12.016/2009. Em razão disso, poderá a pessoa jurídica de direito público – mesmo que não tenha recorrido – dirigir-se ao Presidente do Tribunal competente para requerer a suspensão da execução da sentença ou do acórdão. A execução da própria liminar poderá ser suspensa com fulcro no art. 15 da precitada norma legal.

---

(62) Obra cit., p. 317.

No Capítulo antecedente, tivemos oportunidade de afirmar que, a despeito do estatuído no § 3.º do art. 14 da Lei n. 12.016/2009, o recurso voluntário (ou a remessa obrigatória) interposto da decisão concessiva de mandado de segurança que implique reclassificação ou equiparação de servidor terá, no processo do trabalho, efeito unicamente devolutivo, por força do princípio estampado no art. 899, *caput*, da CLT. Em face disso, também aqui a execução provisória da sentença poderá ser suspensa com base no art. 15 da Lei n. 12.016/2009, ou mesmo por meio de requerimento (CPC, art. 1.029, § 5.º; TST, Súmula n. 414, I, parte final). Dessa forma, constroi-se um sistema equilibrado, no processo do trabalho, pois se, de um lado, se recusa o efeito suspensivo imposto pela Lei n. 12.016/2009 (art. 14, § 3.º, *in fine*), de outro, se permite que a execução provisória da sentença ou da liminar seja suspensa com espeque no art. 15 da mesma norma legal, ou mediante ação cautelar inominada.

Devemos ressaltar, no entanto, a regra estampada no § 4.º do art. 14 da Lei n. 12.016/2009, conforme a qual o pagamento de vencimentos e vantagens pecuniárias assegurados em sentença concessiva de mandado de segurança a servidor público da administração direta ou autárquica federal, estadual e municpal "somente será efetuado relativamente às prestações que se vencerem a contar da data do ajuizamento da inicial". Vale dizer: a execução – seja provisória, seja definitiva – desses valores somente abrangerá as prestações que se tornarem exigíveis após o protocolo em juízo da petição inicial (efeito *ex nunc*). As parcelas anteriores deverão ser objeto de reclamação administrativa ou de ação judicial, nos termos da Súmula n. 271 do STF. Divergimos, todavia, da Lei e da Súmula, no particular. Se a matéria decidida nos autos do mandado de segurança é a mesma, não há razão jurídica para exigir-se que o impetrante vá à via administrativa, ou ingresse em juízo, para postular o recebimento das prestações vencidas anteriormente ao ajuizamento da petição inicial. Há, nisso, certo escárnio do sistema em relação ao impetrante. Por isso, bem faria o legislador ou a jurisprudência se alterassem esse *status quo*, para declarar que os efeitos patrimoniais retroagiriam à data em que se deu a efetiva lesão do direito líquido e certo (*ex tunc*), poupando, assim, o Judiciário de um novo processo, e a parte, de ter de ingressar em juízo mais uma vez.

Não poderíamos encerrar este capítulo sem um escólio a respeito do princípio da restituição ao estado anterior e sua eventual irradiação no particularismo da ação de segurança.

Há pouco, divergimos da opinião do eminente Celso Agrícola Barbi, quando afirmava ser inequívoca a sujeição da execução provisória do *mandamus* às normas do Código de Processo Civil. Nossa discrepância era quanto à exigência de caução como requisito para deferir-se a execução provisória da sentença de segurança. Não só mantemos essa discordância como acrescentamos outra, pois a incidência do art. 520 do CPC no processo de mandado de segurança poderia conduzir a situações algo absurdas, como pretendemos demonstrar.

Efetivamente dispondo o inciso II daquele artigo que a execução provisória ficará sem efeito se sobrevier sentença que modifique ou anule a que foi objeto da mencionada execução, "restituindo-se as partes ao estado anterior", isso significaria determinar a volta ao que existia materialmente antes de iniciada a execução, numa autêntica "reposição *in natura*", como disse Pontes de Miranda. Imaginemos, p. ex., que alguém houvesse obtido mandado de segurança para demolir um prédio, cuja autorização havia sido negada por autoridade pública. Interposto recurso ordinário pela pessoa jurídica de direito público interessada (e sendo recebido, como se impunha, apenas no efeito devolutivo), o impetrante promoveria a execução provisória da sentença, de tal maneira que a demolição se consumaria. Vindo o tribunal a dar provimento ao recurso, a execução provisória ficaria sem efeito e a coisa deveria ser restituída ao *status quo ante*, ou seja, o prédio deveria ser reconstruído!... Não nos parece possível, por isso, aplicar-se inteiramente à ação de segurança os princípios estabelecidos pelo art. 520, II, do CPC, mormente quanto à exigência de caução e ao restabelecimento ao estado anterior.

Como estamos a discorrer sobre execução da sentença emitida em ação de segurança, torna-se oportuno destacar algumas singularidades dessa execução: a) via de regra, o mandado de segurança diz respeito a uma obrigação de fazer; b) apesar disso, a execução da sentença concessiva da segurança não se submete às disposições dos arts. 815 a 821 do CPC (pelo menos, na maioria dos casos), bastando ver que a autoridade coatora não é citada para satisfazer a obrigação (art. 815), sendo-lhe, somente, remetido o ofício a que alude o art. 13, *caput*, da Lei n. 12.016/2009, podendo a ciência da decisão ser feita por oficial de justiça ou pelo correio (art. 13, *caput*). Em caso de urgência, essa cientificação poderá ser efetuada por telegrama, radiograma, fac-símile ou outro meio eletrônico de autenticidade comprovada (art. 4.º, *caput*, da Lei n. 12.016/2009).

E, como é óbvio, a autoridade coatora não poderá oferecer embargos (CLT, art. 884), pois não se trata de execução forçada em sentido tradicional.

MANDADO DE SEGURANÇA COLETIVO

CAPÍTULO I

NATUREZA DO INSTITUTO

1. Comentário

Iniciamos esta parte do livro com uma indagação fundamental: o mandado de segurança coletivo constitui um instituto novo, com pressupostos, objetivo e finalidade distintos do *mandamus* tradicional, ou nada mais representa do que uma variação deste, uma sua peculiar manifestação?

A resposta é de suma importância para o estudo e a compreensão da disciplina, que representou, quando menos, uma significativa novidade em nosso ordenamento constitucional, conquanto entre nós já fossem conhecidos alguns precedentes legislativos e jurisprudenciais, segundo demonstraremos oportunamente.

Por força do disposto no art. 36, *caput*, do anteprojeto de Constituição elaborado pela Comissão de Sistematização, o mandado de segurança seria concedido *"para proteger direito líquido e certo, individual ou coletivo, não amparado por habeas corpus ou habeas data, seja o responsável pela ilegalidade ou abuso de poder pessoa física ou jurídica, de direito público ou privado"* (destacamos). No parágrafo único, esclarecia-se que o mandado de segurança *coletivo* se destinava à proteção de "direito líquido e certo não amparado por *habeas corpus*", podendo ser impetrado por partidos políticos, organizações sindicais, associações de classe e associações legalmente constituídas em funcionamento há, pelo menos, um ano, na defesa dos interesses de seus membros ou associados.

O fato de o mandado de segurança *coletivo* estar regulado, no texto do aludido anteprojeto, no parágrafo único do art. 36 revela que essa nova modalidade de *writ* estava submetida, do ponto de vista sistemático, ao *caput*, que dispunha sobre o mandado de segurança em geral. No texto definitivo, promulgado em 5 de outubro de 1988, o mandado de segurança individual é regrado no inciso LXIX do art. 5.º, e o mandado de segurança coletivo, no inciso LXX do mesmo dispositivo. Indagamos: esse tratamento topologicamente distinto de ambas as figuras em exame deve ser interpretado como intenção inequívoca do constituinte de considerá-las diversas sob os aspectos ontológico e teleológico, ou teria, dita cisão, decorrido de mera inadvertência ou mesmo de falta de técnica do redator da norma constitucional?

Ficamos com as duas últimas hipóteses. Não nos parece, *data venia* de entendimento contrário, que o *mandamus* coletivo possa ser visto como um novel instituto e, como tal, autônomo em relação ao mandado de segurança clássico (individual). Ele nada mais é, como afirmamos, do que espécie ou manifestação *sui generis* deste, motivo por que a sua disciplina haveria de ser estabelecida pela Lei n. 1.533/1951, então vigente (atualmente, pela Lei n. 12.016/2009), e pelas demais normas ordinárias pertinentes à matéria.

Se bem verificarmos, aliás, chegaremos à conclusão de que o único ponto expressivo em que o mandado de segurança *coletivo* se desassemelha do *individual* reside na legitimidade ativa para a causa, porquanto aquele pode ser naturalmente impetrado por partido político com representação no Congresso Nacional, por organização sindical, entidade de classe ou associação legalmente constituída e em funcionamento há, pelo menos, um ano, em defesa dos "interesses" de seus membros ou associados, ao passo que este, em princípio, só pode ser impetrado pelo titular do direito subjetivo lesado ou ameaçado de lesão por ato ilegal ou abusivo de poder, de autoridade pública.(63)Os pressupostos para a impetração do mandado de segurança coletivo são os mesmos exigidos para o individual, quais sejam: a) a existência de direito líquido e certo, não amparado por *habeas corpus* ou *habeas data*; b) ato ou omissão de autoridade; c) que esteja ameaçando de lesão ou tenha lesado o direito do impetrante. Convém observar que a própria Constituição Federal, que alude aos pressupostos para o exercício da ação mandamental individual (art. 5.º, LXIX), ao cuidar do mandado de segurança coletivo, não volta a fazer referência a esses pressupostos (inciso LXX), justamente porque são os mesmos do inciso LXIX.

Athos Gusmão Carneiro apresenta-nos uma relação mais detalhada desses pressupostos:

> (a) se o direito a ser definido pode ser afirmado como "líquido e certo", isto é, baseado em fatos incontroversos, restando a ser discutidas *quaestionis juris*;
>
> (b) se estamos frente a "direitos coletivos", dos quais seja titular grupo ou categoria de pessoas ligadas entre si ou com a parte contrária por uma relação jurídica básica; ou frente a "direitos individuais homogêneos", assim entendidos os decorrentes de origem comum e da atividade ou situação específica da totalidade ou de parte dos associados ou membos da entidade impetrante (art. 21, parágrafo único, da Lei n. 12.016/2009);

---

(63) No mesmo sentido Celso Neves, Mandado de segurança, mandado de segurança coletivo e mandado de injunção. *Processo do trabalho*: estudos em homenagem a Coqueijo Costa. São Paulo: LTr Editora, 1989, p. 22.

(c) se o direito a ser defendido é direito subjetivo violado por ato de autoridade pública, seja de que categoria for, ou de agente de pessoa jurídica no exercício de delegação do Poder Público;

(d) se a prática do ato de autoridade, ou sua omissão, incide na censura de ilegalidade ou abuso de poder;

(e) se o direito subjetivo a ser tutelado é afirmado pertencer aos integrantes ou da entidade associativa, nos casos da alínea *b* do inc. LXX do art. 5.º da CF/88; ou se é direito qualificado como direito fundamental constitucionalmente definido, nos casos da alínea *a* do mesmo inciso;

(f) se o direito a ser tutelado afigura-se congruente com as finalidades do sindicato, entidade de classe ou associação, nos termos da alínea *b*, sempre ponderando a orientação, a respeito, do STF.[64]

No Capítulo IV (Objeto do mandado de segurança coletivo), procuraremos reforçar os nossos argumentos quanto a ser *o mandamus* coletivo simples modalidade do individual ao demonstrarmos que o seu núcleo é a defesa de direito líquido e certo dos membros ou associados (no caso da alínea *b* do inciso LXX do art. 5.º da Constituição), e não de meros *interesses* destes.

Até lá, devemos dizer que a nova figura trazida pela Constituição Federal de 1988 veio para atender a um anseio dos tempos modernos e constitui eficaz instrumento colocado a serviço das coletividades; metáfora à parte, traduz portentoso escudo de proteção dos indivíduos e de suas agremiações, na permanente luta que travam contra a prepotência, a tirania, a arbitrariedade do Poder Público. O mandado de segurança coletivo é, em última análise, um dos mais provectos instrumentos de defesa dos próprios ideais democráticos, sendo produto de excelência do gênio brasileiro.

Nas edições anteriores deste livro, previmos que eventual abuso que se viesse a realizar, quanto à utilização deste *writ*, não comprometeria as alcandoradas razões que motivaram a sua criação; talvez,derivassem, tais abusos, menos do entusiasmo pela novidade do que do borbulhar do espírito democrático e do sentimento comum de indignação que sói invadir as coletividades diante de atos ilegais da Administração, da Legislatura ou mesmo da Magistratura.

Decorridos mais de duas décadas de vigência da Constituição Federal de 1988, verificamos que, felizmente, essa suposta utilização abusiva da ação de mandado de segurança coletivo não ocorreu.

---

(64) *RePro* 178, ano 34, dez. 2009, p. 28.

CAPÍTULO II

ANTECEDENTES LEGISLATIVOS E JURISPRUDENCIAIS

1. Comentário

Estatuía o § 1.º do art. 319 do CPC de 1939, *in verbis*: "Quando o direito ameaçado ou violado couber a uma categoria de pessoas indeterminadas, qualquer delas poderá requerer mandado de segurança".

A Lei n. 4.215/1963 (instituidora do antigo Estatuto da Ordem dos Advogados do Brasil) dispunha no parágrafo único do art. 1.º: "Cabe à Ordem representar, em juízo e fora dele, os interesses gerais da classe dos advogados e os individuais, relacionados com o exercício da profissão".

O art. 513 da CLT, por sua vez, estabelece como uma das prerrogativas do sindicato a de "representar, perante as autoridades administrativas e judiciárias, os interesses gerais da respectiva categoria ou profissão liberal ou os interesses individuais dos associados relativos à atividade ou profissão exercida" (letra *a*).

O § 1.º do art. 319 do CPC de 1939, até onde sabemos, jamais foi invocado como fundamento para reconhecer-se a alguém a possibilidade de impetrar mandado de segurança em nome da categoria a que pertencesse. O mesmo não ocorreu, porém, com a Lei n. 4.215/1963 e com o art. 513, *a*, da CLT, com base nos quais foram ajuizadas ações de segurança em nome dos integrantes da categoria, provocando, em razão disso, uma grande polêmica doutrinária e jurisprudencial acerca dessa possibilidade. Para que se tenha uma noção histórica da intensidade dessas divergências, basta referir o fato de o próprio Supremo Tribunal Federal: a) no MS 18.428-DF, impetrado pelo Sindicato dos Corretores de Navios do Estado da Guanabara, no interesse dos seus associados, haver reconhecido a legitimidade dessa entidade sindical para o exercício da ação, vindo, contudo, no MS 20.332, a entender que tais entidades (sindicatos, federações e confederações) não possuíam legitimidade para impetrar mandado de segurança em nome dos seus associados; b) no MS 20.170-DF, decidiu pela legitimidade da Ordem dos Advogados do Brasil para impetrar o *writ* em defesa dos interesses de toda a classe, mas no RE 116.206-6-AM declarou que as entidades ou associações de classe, por maior que seja o interesse, não se encontram dotadas de legitimidade para ajuizar ação de segurança em nome dos associados ou dos integrantes da categoria.

Limitemo-nos, doravante, ao exame da alínea *a* do art. 513 da CLT.

Em rigor, essa norma legal jamais atribuiu ao sindicato a qualidade ou *status* de substituto processual, seja para o ajuizamento das ações individuais, seja para o de ações coletivas, em nome dos associados apenas, ou de todos os integrantes da categoria. Para que essa legitimação extraordinária efetivamente existisse deveria ter sido outorgada de maneira expressa pelo dispositivo legal citado. Realmente, o princípio medular é de que somente o titular do direito subjetivo material possui legitimidade para provocar o exercício da função jurisdicional do Estado, com o objetivo de evitar a lesão do direito ou de reparar a lesão sofrida. Desse modo, a possibilidade de alguém ingressar em juízo para postular em nome próprio direito alheio é algo incomum, extraordinário, motivo pelo qual deve estar expressamente prevista em lei, conforme adverte o art. 6.º do CPC. Supor que o extraordinário pode ser presumido existente significa malferir os princípios e o senso comum, pois essa presunção só se justifica quando se trata daquilo que é rotineiro, ordinário, ou seja, que pertence aos fatos da vida cotidiana ou do direito. Daí o acerto do vetusto adágio, segundo o qual "O ordinário se presume e o extraordinário se prova".

Anteriormente à vigência da Constituição Federal de 1988, dissemos que uma correta inteligência do disposto na letra *a* do art. 513 da CLT indicava que a defesa dos interesses individuais ou coletivos que o sindicato pudesse realizar em juízo haveria de ser feita na qualidade de *representante* (não de substituto) dos integrantes da categoria, necessitando, para isso, de mandato expresso por parte destes. No mesmo sentido deveria ser a interpretação do art. 839 da CLT.

Surge, então, o Texto Constitucional de 1988, cujo art. 8.º, III, estabelece: "ao sindicato cabe a defesa dos direitos e interesses coletivos ou individuais da categoria, inclusive em questões judiciais ou administrativas".

Nosso entendimento sempre foi de que essa norma constitucional não atribuía ao sindicato a qualidade de substituto processual. Para que a nossa opinião fosse adequadamente entendida, preocupamo-nos em formular algumas considerações de ordem pessoal, dizendo que ao tempo em que exercíamos a advocacia, contratados por algumas entidades sindicais de trabalhadores, com base territorial no Estado do Paraná, sempre nos batemos pela outorga, aos sindicatos, mediante lei, da qualidade de substituto processual dos integrantes da categoria, fossem estes associados ou não. Esse era, por certo, o anseio das diversas entidades sindicais de trabalhadores espalhadas pelo País. Com o advento da Constituição Federal de 1988, muitos intérpretes – que consideramos, na época, "apressados" – da regra contida no inciso III do art. 8.º, como que traídos por um "pensamento desejoso" (*wishfull thinking*), ou pelas trapaças do subconsciente, passaram a extrair ilações que, a nosso ver, estavam em manifesto desacordo com a inequívoca expressão do texto constitucional. Poucos puderam perceber que não residia, nesse dispositivo, a concretização do sonho de muitos, consistente na atribuição do *status* de substituto processual ao sindicato. Fomos um deles. Para nós, o que estava no inciso III do art. 8.º da CF nada mais era do que a atribuição ao sindicato da qualidade de *representante* da categoria, não de substituto processual. Afinal, o referido preceito constitucional aludia – e ainda alude – à representação. Desse modo, prosseguíamos, para que o sindicato se visse investido, formalmente, na qualidade de substituto processual, haveria necessidade de que norma legal (mesmo infraconstitucional) lhe atribuísse essa prerrogativa.

Tal desiderato havia sido alcançado, de maneira restrita, com o advento das Leis ns 6.708/1979 (art. 3.º, § 2.º) e 7.238/1984 (art. 3.º, § 2.º). Uma substituição processual mais ampla somente veio com a Lei n. 8.073, de 30 de julho de 1990 (art. 3.º).

A Súmula n. 310 do TST passou a disciplinar, à minudência, a matéria. O seu inciso I dispunha: "O art. 8.º, inciso III, da Constituição da República, não assegura a substituição processual pelo sindicato". Esta Súmula acabou sendo cancelada pela Resolução TST n. 119/2003.

A Súmula n. 286 do TST reconhece legitimidade ao sindicato para ajuizar não só ação de cumprimento, mas de ação visando ao cumprimento de acordo ou convenção coletivos. A Súmula n. 359 do mesmo Tribunal, que não reconhecia à federação legitimidade para promover ação de cumprimento (CLT, art. 872, parágrafo único), na qualidade de substituta processual, foi igualmente cancelada (Res. TST n. 121/2003).

No plano da SBDI-1 do TST, a OJ n. 121 diz da legitimidade do sindicato para postular diferença de adicional de insalubridade, na qualidade de substituto processual. A OJ n. 359 esclarece que ainda que se venha a considerar, em determinado caso concreto, o sindicato parte ilegítima para atuar como substituto processual, a ação por ele ajuizada interromperá a prescrição.

Posteriormente, o STF passou a entender que o inciso III do art. 8.º da CF atribui aos sindicatos a qualidade de substituto processual da categoria. O TST passou a seguir essa orientação. Assim, o tema, no plano jurisprudencial, acabou sendo pacificado.

CAPÍTULO III

LEGITIMIDADE ATIVA

1. Comentário

Encontram-se legalmente legitimados para impetrar mandado de segurança coletivo: a) partido político com representação no Congresso Nacional; b) organização sindical, entidade de classe ou associação legalmente constituída e em funcionamento há, pelo menos, um ano, em defesa dos interesses de seus membros ou associados (CF, art. 5.º, LXX, *a* e *b*, respectivamente.

O art. 21 da Lei n. 12.016/2009 minudencia a norma constitucional supracitada, ao dispor que para efeito de impetração do *mandamus*: a) o partido político (com representação no Congresso Nacional) deve visar à "defesa de seus interesses legítimos relativos a seus integrantes ou à finalidade partidária"; b) a organização sindical, a entidade de classe ou a associação deve ter como objetivo a "defesa de direitos líquidos e certos da totalidade, ou de parte, dos seus membros ou associados, na forma dos seus estatutos e desde que pertinentes às suas finalidades, dispensada, para tanto, autorização especial".

2. Partidos políticos

Os direitos a serem tutelados pelos partidos políticos, mediante mandado de segurança coletivo, tanto podem se referir ao próprio partido, como instituição, quanto aos seus membros. Esta é a interpretação que se extrai da literalidade do texto legal.

Fique claro, porém, que o partido somente terá legitimidade para exercer a ação se possuir representação no Congresso Nacional.

Questão interessante, a ser examinada, diz respeito ao fato de o partido político vir a perder essa representação no curso do processo de mandado de segurança coletivo. Como a legitimidade para a causa constitui uma das condições da ação (CPC, art. 3.º), a nosso ver, o partido político deverá, no caso, ser declarado carecedor da ação e, em consequência, ser extinto o processo sem exame do mérito (CPC, art. 485, VI). Se essa perda se der no prazo para a interposção de recurso, e o partido político vier a recorrer, o seu apelo não deverá ser admitido por falta de legitimidade. Não se aplica, aqui, o disposto no art. 1.004 do CPC, que trata de sucessão processual.

3. Organização sindical, entidade de classe, associação

As disposições do art. 21 da Lei n. 12.016/2009, respeitantes à legitimidade das organizações sindicais, das entidades de classe e das associações, estão a reclamar comentários suplementares.

Em primeiro lugar, a referência efetuada pela norma legal mencionada a "*interesses* legítimos" é inadequada, pois, sendo o mandado de segurança coletivo mero desdobramento do individual, é evidente que o pressuposto para o exercício da ação, no caso, é a existência de "direito líquido e certo", e não, de simples *interesses*.

Em segundo, o art. 21 Lei n. 12.016/2009 esclarece que a defesa dos direitos líquidos e certos pode dizer respeito a todos os membros ou associados, ou a parte deles. A norma, nesse ponto, é muito útil, por vir a eliminar uma controvérsia que, não raro, se estabelecia na doutrina e na jurisprudência sobre se as entidades legalmente legitimadas ao exercício da ação de segurança poderiam ingressar em juízo em nome de alguns (parte) de seus membros ou associados, ou somente seria admissível a atuação dessas entidades como substitutas processuais quando postulassem em nome da totalidade dos seus membros ou associados.

É bem verdade que o STF já havia cristalizado o seu entendimento acerca do tema na Súmula n. 630, conforme a qual "A entidade de classe tem legitimação para o mandado de segurança ainda quando a pretensão veiculada interesse apenas a uma parte da respectiva categoria".

Todavia, é razoável presumir que poderá subsistir uma espécie de resquício da antiga polêmica doutrinária e jurisprudencial quando se tiver de decidir, por exemplo, se em um universo de centenas ou de milhares de membros ou de associados a entidade poderia vir a juízo em defesa dos direitos de duas ou três dessas pessoas, quando todas as outras se encontrassem na mesma situação jurídica. Isso é algo a ser resolvido em cada caso concreto, segundo as peculiaridades que apresente.

Isso, entretanto, nos parece certo: a entidade de classe, a organização sindical ou a associação não terão legitimidade para postular direito *essencialmente individual* de trabalhadores. Digamos, por exemplo, que três trabalhadores tenham sido despedidos sem justa causa e, sendo estáveis, tenham ingressado em juízo pleiteando, entre outras coisas, a sua reintegração liminar no emprego e o juiz tenha rejeitado esta pretensão: o sindicato representativo da categoria não terá legitimidade para impetrar mandado de segurança coletivo contra a decisão denegatória da reintergração *in limine*, pois o direito aí postulado é, eminentemente, *individual*, ainda que pertinente a mais de um empregado. É oportuno assinalar que os direitos *coletivos* são "*os transindividuais, de natureza indivisível, de que seja titular grupo, categoria ou classe de pessoas ligadas entre si ou com a parte contrária por uma relação jurídica básica*" (Lei n. 8.078/90, art. 81, II) (destacamos).

Em terceiro, a organização sindical, a entidade de classe ou a associação devem estar: a) regularmente constituídas; e b) em funcionamento há, pelo menos, um ano. Assim, nenhuma delas possuirá legitimidade para a impetração do *mandamus* coletivo se: a) estiver regularmente constituída, mas funcionando há menos de um ano; b) estiver funcionando há mais de um ano, mas não estiver regularmente constituída. O STJ, entretanto, decidiu que "Presente o interesse social evidenciado pela dimensão do dano e apresentando-se como relevante o bem jurídico a ser protegido, pode o juiz dispensar o requisito da pré-constituição superior a um ano da associação autora" (REsp 121.067-PR, de 17.04.2001, Rel. Min. Barros Monteiro, in DJU de 25.06.2001). Em que pese o fato de reconhecermos o profundo senso de justiça, que dá substância a essa decisão do STJ, vemos certa dificuldade em sua consagração, porquanto a exigência de que a organização sindical, a entidade de classe ou a associação estejam regularmente constituídas e em funcionamento há mais de um ano é formulada pela Constituição Federal.

Em quarto, a matéria que dá conteúdo à ação mandamental coletiva deverá estar ligada à finalidade da organização sindical, da entidade de classe ou da associação, na conformidade de seus estatutos. Destarte, um sindicato de *bancários*, por exemplo, não teria legitimidade para impetrar mandado de segurança coletivo que tivesse como objetivo o não pagamento de certo tributo instituído pela União, pelo Estado ou pelo Município. É necessário, pois, que o sindicato (assim como a entidade de classe e a associação) faça uso da ação de mandado de segurança coletivo, na qualidade de substituto processual, para promover a defesa de direito líquido e certo dos integrantes da categoria que se refiram às atribuições inerentes à finalidade do sindicato, como tal definida em seus estatutos.

Em quinto, dispensa autorização especial dos integrantes da categoria ao sindicato, à entidade de classe ou à associação, para que atuem como substitutos processuais. Nesse aspecto, o legislador incorporou a Súmula n. 629 do STF, assim enunciada: "A impetração de mandado de segurança coletivo por entidade de classe em favor dos associados independe da autorização destes".

A legitimação extraordinária, atribuída pelas normas legais a determinadas entidades ou associação traduz o fenômeno jurídico da substituição processual – figura assim denominada por Chiovenda e a cujo estudo se dedicou, em caráter pioneiro, Köller. Efetivamente, ao impetrarem, em nome próprio, mandado de segurança coletivo visando à defesa dos "interesses" (melhor: de direito líquido e certo) de seus membros ou associados, as entidades legalmente legitimadas estarão agindo na qualidade de substitutas processuais. Rigor à frente, não podemos deixar de reconhecer que essa legitimação anômala está mais próxima de um mandato legal *ad littem*, outorgado por lei, do que de uma substituição processual propriamente dita. Substituição dessa natureza pode ter existido no direito romano antigo, na fase do processo *in iure*, que se desenvolvia na presença do magistrado e terminava com a *litiscontestatio*, compromisso pelo qual as partes se obrigavam a prosseguir diante de um juiz designado, ou seja, em outra fase, denominada *apud iudicem*. Conforme recorda Xavier D'Ors, os litigantes poderiam comparecer pessoalmente à presença do magistrado ou por meio de seus representantes: "Los representantes no actúan com representación directa, es decir, em nombre del titular de modo que los efectos positivos o negativos del processo recaigam em el, sino que assumen ellos mismos el proceso. Para ello la fórmula procesal contiene uma transposición de personas: em la intentio aparece el nombre del representado y em la condemnatio el nombre del representante que asume el resultado de la sententia".(65)

Em nosso meio, no entanto, firmou-se o entendimento de que sempre que inexistir coincidência entre os sujeitos da relação jurídica processual e os da relação jurídica material controvertida aí estará configurada a substituição processual. De qualquer modo, é certo que esta não pode ser produto de mera manifestação volitiva das partes, porquanto a sua existência deve provir sempre de norma legal. Sob esse aspecto, é translúcida a advertência emanante do art. 18 do CPC: "Ninguém poderá pleitear direito alheio em nome próprio, salvo quando autorizado pelo ordenamento jurídico".

O substituto processual é *parte*, ou seja, sujeito da relação jurídica processual, podendo ocupar quaisquer dos polos dessa relação (ativo ou passivo), em que atuará em nome próprio, conquanto na defesa de direito alheio. É, precisamente, em virtude dessa nota particular que a *substituição* se distingue da *representação* no plano processual: enquanto o substituto age em seu nome, o representante atua em nome de terceiro. A substituição processual também não deve ser confundida com a sucessão, pois, nesta, a pessoa (sucessor) atua em nome próprio em decorrência de um direito que lhe pertence. Na sucessão, enfim, o sucessor passa a participar da relação processual na qualidade de sujeito da relação material, da qual veio a tornar-se titular. Declara, a propósito, o art. 108, *caput*, do CPC que, "No curso do processo, somente é lícita a sucessão voluntária das partes nos casos expressos em lei".

Para Araújo Cintra, torna-se indispensável, na substituição processual, a existência de um interesse material do substituto, cuja satisfação depende da

---

(65) *Derecho privado romano*. 7. ed. Pamplona: Ediciones Universidad de Navarra, p. 136.

satisfação do interesse controvertido do substituído. É evidente que a afirmação deste destacado jurista não deve ser interpretada segundo o ponto de vista subjetivo, equivale a dizer, da *intenção* do substituto, pois, como dissemos, essa modalidade de legitimidade extraordinária só ocorre nos casos previstos em lei, não derivando da simples *vontade* do substituto. Colocada a questão nesses termos, podemos dizer que o interesse *material* do substituto constitui o motivo (político, jurídico, ideológico) pelo qual o legislador lhe atribui essa qualidade, essa faculdade de provocar o exercício da função jurisdicional do Estado para postular, em nome próprio, direito alheio. O interesse *material*, na espécie, não deve ser tomado no sentido do *interesse de direito material*, e sim no de que o substituto procurará fazer com que a sentença conceda aos substituídos um bem ou uma utilidade da vida que estes poderiam tentar obter individualmente, mas que talvez não conseguissem por uma razão qualquer ou que talvez nem mesmo buscassem obter, em virtude de certo temor individual.

Seja para efeito de ajuizamento de ação de segurança ou de qualquer outra, o substituto não necessita de autorização dos substituídos, nos termos do art. 21 da Lei n. 12.016/2009. Exatamente por isso é que asseveramos há pouco que essa legitimação anômala caracteriza menos uma substituição processual do que um mandato legal *ad littem*: a lei atribui a determinadas entidades ou organizações legitimidade para atuarem em juízo, com o objetivo de promover a tutela do direito de outrem (substituídos) – direito que, em sede de mandado de segurança, deve ser sempre líquido e certo.

Eventual imposição de que o substituído deva conseguir prévia autorização dos substituídos para ajuizar ação implicará deturpar a figura da substituição processual, porquanto uma tal exigência só se justifica na *representação*, em que o substituto não atua em nome próprio, ao contrário do que se dá na substituição. Não menos aberrante dos princípios e transfigurador desta espécie de legitimação extraordinária será dispor que embora o substituto não dependa de autorização prévia e especial dos substituídos para ingressar em juízo, estes devem ser intimados para dizer se concordam, ou não, com a iniciativa tomada pelo substituto. Ora, mesmo aqui a atuação do substituto (permanência na causa) estará dependente da vontade dos substituídos, o que é algo que não se coaduna com a natureza e com os escopos da substituição, como fenômeno processual.

Poderia, contudo, o substituído meter-se de permeio no processo para assistir ao substituto? Certamente que sim, pois aquele tem interesse em que o pronunciamento jurisdicional seja favorável a este. Essa assistência seria simples (adesiva) ou litisconsorcial (qualificada)? Seria litisconsorcial, pois não podemos nos esquecer de que o assistente, no caso, é o titular do direito material que dá conteúdo à ação. Incide neste ponto, conseguintemente, a regra do art. 124 do CPC, que considera o assistente litisconsorte da parte "principal" toda vez que a sentença houver de influir na relação jurídica havida ou existente entre ele e o adversário do assistido.

Originária do direito italiano medieval, essa assistência tornou-se conhecida do direito germânico do século XVII, em que foi denominada de *interventio mixta* (intervenção *ad infringendum iura unius competitoris*).

Em dois casos, basicamente, se verifica a assistência litisconsorcial: a) quando o direito sobre o qual as partes controvertem pertencer também ao assistente, que, em virtude disso, poderia defendê-lo, pessoalmente, em juízo. Note-se que na assistência do tipo *simples* (CPC, art. 119), o direito litigioso tem como titular exclusivo o assistido, possuindo o assistente, apenas, interesse *jurídico* em que a sentença seja favorável àquele; b) quando o direito alegado em juízo pertencer unicamente ao assistente, mas estiver sendo reivindicado por um seu substituto processual. Esta hipótese é mais frequente no cotidiano do foro trabalhista, uma vez que as entidades sindicais brasileiras se encontram legitimadas para atuar nessa qualidade, seja no plano das ações em geral, seja no da ação de segurança (CF, art. 5.º, LXX, *b*). A assistência do trabalhador, aqui, será verdadeiramente litisconsorcial por ser ele o único titular do direito material lesado ou na iminência de sê-lo.

A despeito de o assistente ser considerado litisconsorte pelo art. 124 do CPC, ele não é *parte*, no sentido estrito do vocábulo, pois não lhe é dado formular pedidos atinentes à *res in iudicio deducta*. O que esta espécie de assistente recebe da lei são alguns poderes de impulsão do processo, bem mais amplos dos que os que são cometidos ao assistente *simples* (*ad adiuvandum tantum*). Por ser titular de relação jurídica material com o réu, o assistente litisconsorcial pode praticar os mesmos atos processuais do assistido (este, sim, é parte): formular exceções, discutir matéria de fato ou de direito, interpor recursos etc. Mais do que isso, pode agir no processo até mesmo de maneira contrária à vontade do assistido, p. ex., recorrer quando este tenha se conformado com a sentença, ou prosseguir no processo quando o assistido tenha desistido da ação. Neste ponto, a dessemelhança da assistência *litisconsorcial* com relação à *simples* é profunda, pois, como se sabe, nesta, o assistente deve agir em consonância com a vontade do assistido, que é soberana. Esta é a razão pela qual o art. 122 do CPC declara que a assistência não impede à parte principal reconhecer a "procedência" do pedido, desistir da ação, renunciar ao direito sobre o qual se funda a ação ou transigir sobre direitos controvertidos. Essa regra, em princípio, somente é aplicável à assistência *simples* (ou adesiva).

O que se deve entender de uma vez por todas é que o assistente litisconsorcial, por ser titular de uma relação jurídica material com o réu, tem um interesse de agir no processo muito mais intenso do que o do assistente simples (*ad diuvandum*) e, não raro, do que o do próprio assistido. Sensível a esta circunstância, a lei lhe atribui o *status* formal de *litisconsorte* (ainda que, com isso, não o torne parte), dotando-o de um vasto elenco de poderes e faculdades necessários à defesa do direito que lhe pertence (ou alega pertencer) e que poderá ser virtualmente atingido pela sentença. Atingido de maneira *direta* – ao contrário, portanto, do que se passa na assistência simples, em que o pronunciamento jurisdicional gera efeitos apenas *reflexos* na esfera jurídica do interveniente.

Há, contudo, manifesta antinomia entre os arts. 124, *caput*, e 506 do CPC, pois enquanto o primeiro considera o assistente litisconsorte da parte "principal", sempre que a sentença houver de influir na relação jurídica entre ele e o adversário do assistido (de tal modo que o assistente será alcançado pela eficácia da coisa julgada material), o segundo afirma que a sentença só produz *res iudicata* às partes entre as quais a sentença é dada, não prejudicando terceiros (e o assistente o é). Ora, se para encontrarmos sentido no art. 506 do CPC concluirmos que o assistente litisconsorcial, por ser terceiro, não será afetado pela coisa julgada material, tornaremos letra morta o art. 124 do mesmo estatuto processual civil, que sustenta o oposto. Assim, cremos que a melhor solução hermenêutica para superar esta aguda aporia está em reconhecer que ele será, efetivamente, alcançado pela eficácia da coisa julgada material que se vier a constituir nos autos do processo em que interveio. Em síntese: a preeminência deve ser do art. 124 do CPC, ab-rogando-se, com esta interpretação, o art. 506, sob pena de admitir-se a possibilidade de o assistente litisconsorcial não ser atingido pela *res iudicata*.

CAPÍTULO IV

OBJETO DO MANDADO DE SEGURANÇA COLETIVO

1. Comentário

No Capítulo I, retro, deixamos expressa a nossa opinião de que o mandado de segurança coletivo é, apenas, uma variante do *mandamus* tradicional, não lhe reconhecendo, por isso, autonomia científica. Conforme sustentamos naquela altura, o divisor de águas entre as duas classes de *writ* (individual e coletivo) é, na verdade, a *legitimidade ativa* para a causa; fora disso, um e outro em quase nada se desassemelham.

Com isso queremos também dizer que embora o art. 5.º, LXX, *b*, da Constituição Federal declare que os partidos políticos com representação no Congresso Nacional, as organizações sindicais, as entidades de classe e as associações legalmente constituídas e em funcionamento há, pelo menos, um ano possam ajuizar ação de segurança coletiva em defesa dos *interesses* dos seus membros ou associados, devemos entender que o *mandamus* coletivo, por não ser um instituto autônomo, visa, como o individual, exclusivamente, a defesa de *direito líquido e certo* – em que pese o fato de sabermos que esta expressão legal é algo equívoca, segundo procuraremos demonstrar mais adiante.

Seria algo aberrante dos princípios e da própria tradição legislativa brasileira imaginar-se que o mandado de segurança coletivo se destinasse à tutela de simples *interesses.* O uso desse *writ* está limitado, por isso, a ato de autoridade (ilegal ou abusivo de poder) que acarretar lesão a *direitos* das *coletividades*. Como observa Celso Neves, "Isso persuade de que o mandado de segurança do inciso LXXX, do art. 5.º, da Constituição vigente – mandado de segurança coletivo – é o mesmo do seu inciso LXIX – mandado de segurança não-coletivo, ou singular, normal –, não passando aquele texto de mera disciplina de *legitimação extraordinária*, de duvidosa conveniência, com os consectários jurídicos que disso resultem, ineliminavelmente. O pressuposto material *direito líquido e certo* permanece, portanto, como elemento do conflito de interesse, suscetível de fazer-se *lide* na ação especial do mandado de segurança qualquer que seja a sua especificação constitucional".(66)

A José Cretella Júnior também pareceu indiscutível que o mandado de segurança coletivo tem como finalidade a defesa de direito líquido e certo das coletividades, e não de simples *interesses* destas.(67) Argumenta o destacado jurista: "Cabe, nesta altura, observar que a regra jurídica constitucional, concretizada no art. 5.º, LXX, *b*, fala em mandado de segurança coletivo, para 'defesa dos interesses de seus membros ou associados', o que não se justifica, no mundo jurídico, em nenhum país do mundo, porque 'quem tem interesse, e não tem direito, é destituído da correspondente ação que o assegura'. Nenhuma ação pode ser proposta para defender interesses feridos. Do contrário, o Poder Judiciário iria exercer controle jurisdicional sobre os interesses lesados por atos do poder público, dando origem à total perturbação da ordem jurídica".(68)

Realmente, o *interesse*, considerado em si mesmo, não pode render ensejo à impetração de mandado de segurança – seja individual, seja coletivo – porquanto lhe falta o requisito indispensável da *exigibilidade*, sabendo-se que deste atributo somente são dotados os *direitos subjetivos* líquidos e certos. Em sede de ação de segurança, conseguintemente, o único *interesse* de que se deva cogitar será aquele que se ligue à necessidade de reparar o direito subjetivo líquido e certo, lesado ou na iminência de sê-lo, por ato de autoridade. Sob esse aspecto, o interesse está conformado à sua característica de *condição da ação* (CPC, art. 17). De modo geral, pode-se afirmar que todo direito subjetivo está colocado no centro de um círculo de interesses devotados à sua proteção, ainda que nem todo interesse apresente relevância no mundo jurídico.

Celso Agrícola Barbi, entretanto, deixando-se influenciar pelo vocábulo *interesses*, constante do art. 5.º, LXX, *b*, da Constituição Federal, julga que o mandado de segurança coletivo possa ser empregado não somente para a defesa de direitos subjetivos, mas, também, de "interesses legítimos, difusos ou coletivos".(69)

Divergimos, *data venia*, desse entendimento. Primeiramente, porque, como vimos, o mandado de segurança coletivo não constitui figura ou instituto autônomo, mas simples variante ou manifestação do *mandamus* tradicional. Logo, em ambos os casos exige-se a presença de *direito líquido e certo*, e o único *interesse* em que se possa pensar está vinculado à tutela desse direito. Segundamente, para a defesa dos denominados interesses *difusos* foi concebida a ação civil pública, regulada pela Lei n. 7.347, de 24 de julho de 1985, não se deixando de

---

(66) *Revista LTr*, vol. 52-11, p. 1.318.

(67) Obra cit., p. 85.

(68) *Idem*.

(69) *Mandado de segurança na Constituição de 1988*. São Paulo: Saraiva, 1990, p. 73.

mencionar, ainda, a ação popular (CF, art. 5.º, LXXIII). Mais do que isso, entendemos que a existência de direito subjetivo de uma coletividade só autorizará o exercício da correspondente ação de segurança se esse direito for, efetivamente, líquido e certo, de maneira que a prova dos fatos que lhes digam respeito possa ser feita 1988"mediante documentos juntados à petição inicial. Caso o direito da coletividade não seja líquido nem certo, a sua defesa deve ser realizada por meio de outra ação, que não a de segurança. Por mais forte razão, repelimos a ideia de que possam ser tutelados pelo *mandamus* coletivo meros *interesses* desvinculados de qualquer direito subjetivo.

Está em Ada Pellegrini Grinover, a propósito, uma das mais precisas separações dos *interesses coletivos*, em relação aos *interesses difusos*, conquanto, a nosso ver, nenhum deles possa ser objeto de ação de mandado de segurança: "Embora considerando ambos metaindividuais, não referíveis a nenhum determinado titular, a doutrina designa como 'coletivos' aqueles interesses comuns a uma coletividade de pessoas e a elas somente, quando exista um vínculo jurídico entre os componentes do grupo: a sociedade mercantil, o condomínio, a família, os entes profissionais, o próprio sindicato dão margem ao surgir de interesses comuns nascidos em função de uma relação, base que une os membros das respectivas comunidades e que, não se confundindo com os interesses estritamente individuais de cada sujeito, permite sua identificação. Por interesses propriamente difusos entende-se aqueles que, não se fundando em um vínculo jurídico, baseiam-se sobre dados de fatos genéricos e contingentes, acidentais e mutáveis: como habitar na mesma região, consumir iguais produtos, viver em determinadas circunstâncias sócio-econômicas, submeter-se a particulares empreendimentos".[70]

O *interesse* coletivo, ainda que caracterizado por um liame jurídico entre os integrantes do grupo, não pode ser tutelado por ação de segurança, exceto se, como alertamos, estiver jungido a direito subjetivo, líquido e certo, da coletividade. A *fortiori*, ficam fora do campo de proteção pelo mandado de segurança coletivo os interesses difusos, ordinariamente ligados à defesa do meio ambiente, do consumidor, de bens e direitos de valor artístico, estético, histórico, turístico e paisagístico (Lei n. 7.347/1985, art. 1.º).

Fincadas essas premissas, cumpre-nos perquirir o que se deva entender como *direito coletivo*, com vistas ao ajuizamento de ação de mandado de segurança. Não nos parece possível considerar *coletivo* o direito que se forma pela soma dos direitos individuais, pois, se assim fosse, a ação de segurança poderia ser posta em juízo com fundamento no § 3.º do art. 1.º da Lei n. 12.016/2009: "*Quando o direito ameaçado ou violado couber a várias pessoas, qualquer delas poderá requerer o mandado de segurança*" (destacamos). Nesse caso, embora o direito caiba a "várias

---

(70) As ações coletivas para a tutela do meio ambiente e dos consumidores. *Ajuris*, 38:8-9.

pessoas", preserva-se a individualidade dos seus titulares, de sorte que, mesmo aglutinados ou enfeixados, esses direitos não se confundem nem se fundem. No caso previsto no § 3.º do art. 1.º da Lei n. 12.016/2009, o mandado de segurança pode ser impetrado por mais de um indivíduo, em regime litisconsorcial ativo, ou por um indivíduo apenas, a demonstrar, com isso, que não se trata de direito tipicamente coletivo, capaz de ensejar o exercício da ação de segurança coletiva, pelas entidades legalmente legitimadas.

Há que se definir, portanto, como direito coletivo, para fins de impetração de mandado de segurança coletivo, aquele que diga respeito aos membros ou associados em geral, ou a parcela destes, indistintamente considerados, vale dizer, sem levar em conta as situações particulares de cada integrante do grupo ou da categoria. Para as situações particulares, há o mandado de segurança individual, clássico.

Afaste-se, porém, o exercício da ação de segurança para tutelar meros *interesses coletivos*, ou mesmo *difusos*. O *mandamus*, ainda que coletivo, só se justifica quando se desejar promover a proteção de *direito* líquido e certo.

Com o escopo de lançar um esclarecimento sobre o tema, o parágrafo único do art. 21 da Lei n. 12.016/2009 dispõe que os direitos protegidos pelo mandado de segurança coletivo podem ser: "I – coletivos, assim entendidos, para efeito desta lei, os transindividuais, de natureza divisível, de que seja titular grupo ou categoria de pessoas ligadas entre si ou com a parte contrária por uma relação jurídica básica; II – individuais homogêneos, assim entendidos, para efeito desta Lei, os decorrentes de origem comum e da atividade ou situação específica da totalidade ou de parte dos associados ou membros do impetrante".

Como se percebe, o parágrafo único do art. 21 da Lei n. 12.016/2009: a) constitui uma espécie de reprodução (quase literal) do art. 81 da Lei n. 8.079/1990 (Código de Defesa do Consumidor). Embora esta última norma legal aluda a "interesses ou direitos coletivos", aquela faz referência exclusiva aos direitos a serem protegidos pela ação de mandado de segurança coletivo – conquanto tenha utilizado, para a conceituação desses direitos, quase as mesmas palavras empregadas pela Lei n. 8.078/1990 para definir os "direitos ou interesses coletivos"; b) não faz alusão a direitos difusos. Somente, pois, mediante engenhosa interpretação doutrinária ou jurisprudencial poderão ser incluídos no campo de proteção do mandado de segurança os direitos difusos, vale dizer, "os transindividuais, de natureza indivisível, de que sejam titulares pessoas indeterminadas e ligadas por circunstâncias de fato" (Lei n. 8.078/1990, art. 81).

CAPÍTULO V

PRAZO PARA IMPETRAÇÃO

1. Comentário

Assim como o mandado de segurança clássico, individual, deve ser impetrado no prazo decadencial de cento e vinte dias, contados da ciência, do interessado, do ato impugnado, o *mandamus* coletivo deverá ser posto em juízo no mesmo prazo (art. 23 da Lei n. 12.016/2009). É oportuno registrar, mais uma vez, a declaração estampada na Súmula n. 632 do STF, de que "É constitucional lei que fixa o prazo de decadência para a impetração de mandado de segurança".

Aplica-se ao prazo para a impetração do *mandamus* o art. 219 do CPC, que manda contar em dias úteis os prazos estabelecidos pelo magistrados ou *por lei* – no caso, a Lei n. 12.016/2009. A CLT também ordena que a contagem se faça com base em dias úteis (art. 775, *caput*).

Situação que poderá gerar acentuada controvérsia, na prática, diz respeito a saber se já tendo decorrido o prazo para a pessoa física impetrar mandado de segurança (individual, portanto), a entidade legalmente legitimada poderá ingressar com ação mandamental coletiva, abrangendo, também, a referida pessoa física.

Em princípio, a resposta deve ser negativa, pois o prazo para a impetração do *writ*, por esta pessoa, era decadencial. Logo, embora a entidade constitucionalmente legitimada possa impetrar mandado de segurança coletivo (desde que atendidos os pressupostos legais), visando à defesa de direito líquido e certo da categoria a que pertence a pessoa física, esta não será beneficiada por eventual decisão favorável.

A vida, entrementes, é muito mais rica de situações do que possam imaginar os juristas. Em que pese o fato de entendermos que a resposta à indagação que há pouco formulamos deveria ser negativa, há casos em que cumpre ser posto de lado o princípio implícito da sobredita resposta. Acontece que há certos pronunciamentos jurisdicionais que, por sua natureza, eficácia e alcance, não comportam exceções ou fragmentação, no que toca à sua incidência no cenário jurídico. Digmos, por exemplo, que um sindicato impetre mandado de segurança coletivo em nome de parte da categoria, com a finalidade de ver declarado nulo determinado concurso público, e obtenha êxito em sua pretensão. Se algum candidato, da mesma categoria, havia ingressado com mandado de segurança individual, com o mesmo objetivo, mas não obteve sucesso em sua postulação, isto será irrelevante, pois a decisão que pronunciou a nulidade do concurso tem efeito geral, abarcando todos aqueles que se submeteram a este. Nessa hipótese, pensamos não ser aplicável a regra do § 1.º do art. 22 da Lei n. 12.016/2009, conforme a qual, para que o impetrante de mandado de seguraça individual possa beneficiar-se da decisão proferida no *mandamus* coletivo, deverá, no prazo de trinta dias, requerer a desistência do seu mandado. Nossa opinião de que não caberia, aqui, a aplicação da precitada norma legal deriva de dois fatos, a saber: a) no exemplo de que cogitamos, o mandado de segurança individual já havia sido julgado – a norma legal mencionada pressupõe que o *mandamus* individual não havia sido ainda julgado (por isso, faz alusão à litispendência: CPC, art. 337, § 3.º); b) a decisão emitida no mandado de segurança coletivo era incindível.

CAPÍTULO VI

PROCEDIMENTO

1. Comentário

O procedimento atinente ao mandado de segurança coletivo é, *mutatis mutandis*, o traçado para o mandado de segurança individual pelas disposições da Lei n. 12.016/2009.

Algumas particularidades, contudo, podem ser destacadas:

a) o partido político (com representação no Congresso Nacional), a organização sindicial, a entidade de classe ou a associação (legalmente constituída e em funcionamento há, pelo menos, um ano) não necessitam obter autorização de seus membros ou associados, para efeito de impetração do *mandamus* coletivo, porque agem, em tal situação, como substitutos processuais dos titulares dos direitos líquidos e certos. Em rigor, como dissemos em páginas anteriores, o que há, aqui, é um mandato legal *ad litem*, que dispensa a autorização individual dos substituídos processualmente. Daí a Súmula n. 629 do STF dispor: "A impetração de mandado de segurança coletivo por entidade de classe em favor dos associados independe da autorização destes".

b) no mandado de segurança coletivo, a liminar somente poderá ser concedida após a audiência do representante judicial da pessoa jurídica de direito público, que disporá do prazo de setenta e duas horas para manifestar-se (Lei n. 12.016/2009, art. 22, § 2.º). Disposição semelhante consta da Lei n. 8.437/1992, que faz referência não apenas ao mandado de segurança coletivo, mas também à ação civil pública;

c) o mandado de segurança coletivo não induz litispendência para as ações individuais, embora os efeitos da coisa julgada não beneficiem o impetrante a título individual se não requerer a desistência da sua ação de mandado de segurança no prazo de trinta dias a contar da ciência comprovada da impetração da segurança coletiva (Lei n. 12.016/2009, art. 22, § 1.º). Vale dizer, para que o impetrante de *mandamus* individual possa beneficiar-se da coisa julgada material produzida nos autos da ação de mandado de segurança coletivo é necessário que desista da sua ação no prazo de trinta dias, contados da ciência (comprovada) da impetração do *writ* coletivo.

É relevante observar que a data dessa ciência deve ser *comprovada* pelo desistente do mandado de segurança individual. O ônus da prova, portanto, é seu (CLT, art. 818). A comprovação, evidentemente, deve ser realizada nos autos da ação coletiva. Decorridos os trinta dias, isso não significa que o impetrante não possa desistir da sua ação mandamental: pode. O que se passa é que a desistência manifestada depois do decurso desse prazo fará com que o desistente não possa se beneficiar da coisa julgada (favorável, por suposto) produzida pela decisão emitida nos autos do processo de mandado de segurança coletivo.

O que acontecerá, todavia, se o impetrante de mandado de segurança individual não desistir da sua ação e a decisão, que lhe for *desfavorável*, passar em julgado, e, ao mesmo tempo, transitar em julgado a decisão proferida em sede de mandado de segurança coletivo, *favorável* aos trabalhaodres substituídos pelo sindicato, entre os quais se inclui o referido impetrante do *mandamus* individual? Teremos, aqui, duas coisas julgadas contrastantes em relação a este trabalhador. Qual delas prevalecerá? O tema é controvertido. Por certo, haverá quem sustente que a prevalência será da decisão proferida no mandado de segurança coletivo, a fim de que o grupo de trabalhadores receba uma prestação jurisdicional uniforme. Conquanto pudéssemos ter simpatia por essa posição, com ela não poderíamos concordar. Para nós, prevalecerá a primeira coisa julgada que, cronologicamente, se formar. Assim, se a coisa julgada coletiva constituir-se em primeiro lugar, ela prevalecerá; se, ao contrário, constituir-se com precedência a *res iudicata* individual, a prevalência será desta. Como consequência de nosso pensamento, a parte interessada poderá tentar desconstituir a segunda coisa julgada, ao argumento de que ela ofendeu a primeira (CPC, art. 485, IV).

Seja como for, não se pode negar que o *risco* processual da desistência da ação de mandado de segurança individual é do seu impetrante. Assim afirmamos porque pode acontecer, por exemplo, de *A* e *B*, trabalhadores, impetrarem, cada qual, mandado de segurança, sem saber que *C* – entidade sindical representativa da categoria dos dois trabalhadores – impetrara mandado de segurança coletivo tendo o mesmo objeto dos referidos mandados de segurança individuais. Ciente disso, *A*, por algum motivo que não vem ao caso investigar, *desiste* da sua ação mandamental. Tempos depois: a) o mandado de segurança coletivo não obtém sucesso (vindo o acórdão a transitar em julgado); b) o mandado de segurança impetrado por *B* obtém êxito. É evidente a frustração (ou o prejuízo) de *A*. Mesmo que se pensasse, em tese, na possibilidade de *A* impetrar, novamente, o *mandamus*, por certo já teria decorrido o prazo decadencial para o exercício da ação.

Situações como a narrada motivam-nos a considerar, quando menos, injusta a regra contida no § 2.º do art. 22 da Lei n. 12.016/2009. Teria sido preferível que se adotasse a solução prevista no art. 104 da Lei n. 8.078, de 11 de novembro de 1990 (Código de Defesa do Consumidor), conforme a qual: "As ações coletivas, previstas nos incisos do parágrafo único do art. 81, não induzem litispendência para as ações individuais, mas os efeitos da coisa julgada *erga omnes* ou *ultra partes* a que aludem os incisos II e III do artigo anterior não beneficiarão os autores das ações individuais, se não for requerida a sua *suspensão* no prazo de trinta dias, a contar da ciência nos autos do ajuizamento da ação coletiva" (destacamos). Desse modo, o § 2.º do art. 22 da Lei n. 12.016/2009, que se inspirou no art. 104 do CDC, bem poderia ter adotado a solução prevista neste último, qual seja, a *suspensão* do processo relativo à ação individual, e não a *desistência* desta ação.

De qualquer sorte, entendemos que a desistência do mandado de segurança individual, caso o réu tenha oferecido resposta (contestação, geralmente), somente será possível se houver a concordância deste. A regra contida no art. 22, § 1.º, da Lei n. 12.016/2009 não pode ser dissociada da inscrita no art. 485, § 4.º, do CPC, conforme a qual "Oferecida a contestação, o autor não poderá, sem o consentimento do réu, desistir da ação".

É sintomático, aliás, o fato de o referido § 1.º do art. 22 da Lei n. 12.016/2009 deixar claro que o autor deverá *requerer* a desistência da sua ação de mandado de segurança individual. A norma legal não diz que o autor *manifestará* a sua desistência. A *manifestação* é um ato eficaz de *comunicação de vontade*, que produz efeito processual imediato, independentemente de anuência da parte contrária ou de apreciação judicial; o *requerimento*, ao contrário, é algo que pode não só ser submetido ao contraditório, como *indeferido* pelo juiz. Um esclarecimento: a concordância do réu, quanto à desistência requerida pelo autor, poderá ser tácita, bastando, para isso, que aquele deixe de pronunciar-se no prazo fixado pelo juiz.

d) no mandado de segurança coletivo, a eficácia da coisa julgada material ficará limitada aos membros do grupo ou da categoria substituídos pelo impetrante (Lei n. 12.016/2009, art. 22). Desse modo, se o *mandamus* coletivo for impetrado em nome de determinado grupo de pessoas, aquelas que não integrarem esse grupo não terão os seus círculos jurídicos afetados, prejudicial ou beneficamente, pela coisa julgada material que aí vier a constituir-se. Tais pessoas, para esse efeito, são consideradas terceiros, de tal modo que a situação se rege pelo art. 506 do CPC: "A sentença faz coisa julgada às partes entre as quais é dada, não prejudicando terceiros".

2. A liminar

No processo de mandado de segurança coletivo, a liminar somente poderá ser concedida após a audiência do representante judicial da pessoa jurídica de direito público interessada, que disporá do prazo de 72 horas para manifestar-se

(Lei n. 12.016/2009, art. 22, § 2.º). Isso não significa que, ouvido esse representante, a liminar deverá ser concedida. O que a norma legal está a expressar é que a concessão da liminar, mesmo quando presentes os pressupostos do fumus boni iuris e do periculum in mora, só poderá ocorrer após a audiência do aludido representante.

Não podemos deixar de dizer que esta norma da Lei n. 12.016/2009 tem laivos de inconstitucionalidade. Condicionar o direito do impetrante de obter uma tutela jurisdicional imediata, indispensável para impedir a lesão de seu direito líquido e certo, ou para restabelecer o direito lesado, à prévia manifestação da pessoa jurídica de direito público interessada é afrontar a destinação e a importância que a Constituição da República atribui ao mandado de segurança, individual ou coletivo (CF, art. 5.º, incisos).

A consequência do desrespeito a essa norma legal é que será nula a decisão concessiva da liminar. Coloquemos, no entanto, um grão de sal na questão. Pode ocorrer, em situações extraordinárias, de não ser posssível dar-se ciência, em breve espaço de tempo, ao representante legal da pessoa jurídica de direito público a que se encontra vinculada a autoridade apontada como coatora, a fim de que se manifeste no prazo de 72 horas. Em tais casos, entendemos possível a concessão da liminar sem a audiência prévia desse representante. A dar-se uma interpretação rígida à literalidade do § 2.º do art. 22 da Lei n. 12.016/2009, estar-se-ia, talvez, permitindo que a ameaça de lesão ao direito do impetrante se consumasse (mandado de segurança preventivo) ou a lesão se tornasse irreparável ou de difícil reparação (mandado de segurança repressivo). Por outras palavras, estar-se-ia frustrando a garantia consagrada pelo inciso LXIX do art. 5.º da Constituilão Federal contra atos ilegais ou abusivos de poder praticados por autoridade pública ou por agente de pessoa jurídica no exercício de atribuições do Poder Público.

Não é inútil ressaltar, porém, que a exigência de manifestação prévia do representante judicial da pessoa jurídica de direito público só cabe nos casos em que o mandado de segurança é impetrado contra ato de natureza administrativa. Se a autoridade indicada como coatora for um magistrado que tenha praticado ato tipicamente jurisdicional, é evidente que não incidirá a norma do § 2.º do art. 22 da Lei n. 12.016/2009, podendo, portanto, a liminar ser concedida de plano, contanto que presentes os já mencionados pressupostos do *fumus boni iuris* e do *periculum in mora*.